W0405574

David Clarke

Englisch
Grammatik

POCKET TEACHER

Download: PowerPoint-Referat

1. Rufe die Internetseite auf:
   www.cornelsen.de/pocket-teacher
2. Gib den Webcode ein: **PT227839**

Cornelsen
SCRIPTOR

Der Autor:
David Clarke ist Brite. Nach langjähriger Tätigkeit als Englischlehrer an deutschen Gymnasien arbeitet er jetzt als Schulbuchautor. Er ist Autor zahlreicher Lehrwerke und Übungsprogramme.

Für die neue Ausgabe wurde der Band vollständig aktualisiert und erweitert.

www.cornelsen.de

Bibliografische Information: Die Deutsche Bibliothek verzeichnet diese Publikation in der Deutschen Nationalbibliografie; detaillierte bibliografische Daten sind im Internet über http://dnb.ddb.de abrufbar.

Dieses Werk berücksichtigt die Regeln der deutschen Rechtschreibung, die seit August 2006 gelten.

5. 4. 3. 2. 1. Die letzten Ziffern bezeichnen
13 12 11 10 09 Zahl und Jahr der Auflage.

Projektleitung: Anja Sokoll, Berlin
Redaktion: Heike Friauf, Berlin
Redaktionelle Neubearbeitung: DAS LEKTORAT Monika Kopyczinski, Berlin
Reihengestaltung: Magdalene Krumbeck, Wuppertal
Satz und Layout: Margit Dittes, Hamburg; Torsten Lemme, Berlin
Herstellung: Uwe Pahnke, Berlin
Umschlagentwurf: Patricia Müller und R. J. Fischer, Berlin
Druck und Bindearbeiten: CPI – Clausen & Bosse, Leck
Printed in Germany
ISBN 978-3-589-22783-9

Gedruckt auf säurefreiem Papier,
umweltschonend hergestellt aus chlorfrei gebleichten Faserstoffen.

Inhalt

Vorwort

Liebe Schülerin, lieber Schüler!
Der handliche POCKET TEACHER bringt dir viele Vorteile: Er informiert knapp und genau. Regeln, Erklärungen, Beispiele, Tabellen – alles ist übersichtlich geordnet und leicht verständlich.
Du kannst die gewünschten Infos am schnellsten über das Stichwortverzeichnis am Ende des Bandes finden. – Stichwort vergessen? Dann schaust du am besten ins Inhaltsverzeichnis und suchst im entsprechenden Kapitel nach dem Wort.
Im Text deines POCKET TEACHERS findest du viele farbige Pfeile. Diese verweisen auf andere Stellen im Buch.

Teste dein Wissen! Am Ende jedes Kapitels werden die wichtigsten Inhalte in einer Checkliste abgefragt. So kannst du dein Wissen schnell testen. Entdeckst du noch Lücken, dann gibt es hier Hinweise, welche Seiten du noch einmal genau lesen solltest.

Der POCKET TEACHER Englisch Grammatik ist nicht nur ein Helfer bei allen wichtigen Fragen zur englischen Grammatik, die in der Sekundarstufe I auftauchen können. Er bietet auch viele Hinweise und Beispiele zum alltäglichen englischen Sprachgebrauch. Außerdem wird immer wieder auf typische Fehler hingewiesen, die deutschsprachigen Schülerinnen und Schülern unterlaufen können.

Natürlich kann die POCKET-TEACHER-Reihe ausführliche Schulbücher mit Übungen und Beispielen nicht ersetzen. Das soll sie auch nicht. Sie ist deine Merkhilfe-Bibliothek für alle Gelegenheiten, besonders für Hausaufgaben oder für die Vorbereitung auf Klassenarbeiten und Abschlussprüfungen.

Wortarten

1.1 Die Nomen
Nouns

Personen- und sachbezogene Nomen
Nouns referring to persons and things

1 ***The girl*** *told* ***her father*** *about* ***the accident****.*
2 ***A cyclist*** *crossed* ***the road*** *in front of* ***a car****.*
3 ***The car driver*** *stopped in time and so* ***she*** *didn't hit the cyclist.*
4 *But the cyclist fell off* ***his bike*** *and hurt* ***his hand.***
5 ***A policeman*** *came and called a doctor.*

Anders als im Deutschen gibt es im Englischen nur ein **„natürliches“** – also kein „grammatisches“ – **Geschlecht**. Nomen wie *girl, mother, woman* usw. beziehen sich auf weibliche Personen; Nomen wie *boy, father, man* usw. auf männliche 1.

Die meisten **personenbezogenen Nomen** – z. B. *cyclist, doctor, driver, friend, teacher* usw. – können sich aber auf weibliche und männliche Personen beziehen. In solchen Fällen wird das Geschlecht der Person nur durch Pronomen wie *he, she, his, her* usw. oder durch Eigennamen deutlich 2 3 4.

Einige **berufsbezogene Nomen** haben eine geschlechtsbezogene Form, z. B. *actor – actress, waiter – waitress, policeman – policewoman, headmaster – headmistress*. Sie kommen aber viel seltener im Englischen als im Deutschen vor 5.

Im Englischen haben **Dinge** kein Geschlecht: *the accident* (der Unfall), *the road* (die Straße), *the car* (das Auto), *the bike* (das Rad), *the hand* (die Hand). Für alle Dinge wird das **Pronomen** *it* verwendet.

BEACHTE **Tiere** sind im Englischen in der Regel sächlich. Bei **Haustieren mit Namen** dagegen benutzen wir, wie bei Menschen, *he* bzw. *she*.

Die regelmäßige Pluralbildung

Regular plurals

1. *At a lot of **British schools, pupils** have eight **lessons** a day, five days a week.*
2. *Most pupils bring **sandwiches** to school in **boxes**.*
3. *There are eight **families** in our house and two of them have **babies**.*
4. *Don't eat with your fingers. Use **knives** and forks.*
5. *You mustn't bring **radios** to school with you.*
6. *Please buy some **tomatoes** on your way home.*

Bei den meisten Nomen bilden wir den Plural durch das einfache Anhängen eines *-s* **1**.

Diese **Schreibregeln** sind zu beachten:

Endet der Singular auf einem **Zischlaut** (*-ch* [tʃ], *-s* [s], *-sh* [ʃ], *-x* [ks]), wird *-es* angehängt **2**.
Endet der Singular auf *-y* nach einem Konsonanten, wird das *-y* zu *-i*. Hinzu kommt *-es* **3**:

family	→	*families*
baby	→	*babies*

Endet der Singular auf *-fe*, wird *-f* zu *-v*. Hinzu kommt *-s* **4**:

life	[laɪf]	→	*lives*	[laɪvz]
wife	[waɪf]	→	*wives*	[waɪvz]

Endet der Singular auf *-f*, wird im Plural daraus meist *-ves*:

leaf		→	*leaves*	

Endet der Singular auf *-o*, wird der Plural auf *-s* („leblose Dinge") **5** bzw. *-es* (Menschen, Pflanzen) **6** gebildet:

photo	['fəʊtəʊ]	→	*photos*	['fəʊtəʊz]
radio		→	*radios*	
video		→	*videos*	
hero		→	*heroes*	
potato		→	*potatoes*	
tomato		→	*tomatoes*	

Die unregelmäßige Pluralbildung

Irregular plurals

1 *How many **children** have the Greens got?*
2 ***Men** still get more money than **women** for the same job.*
3 *Always clean your **teeth** after a meal.*
4 *Some say that **sheep** are very stupid animals.*

Eine kleine Zahl von Nomen hat einen **unregelmäßigen** Plural **1** **2** **3**. Die wichtigsten Formen sind:

child	[tʃaɪld]	→	*children*	['tʃɪldren]
man	[mæn]	→	*men*	[men]
woman	['wʊmən]	→	*women*	['wɪmɪn]
tooth	[tu:θ]	→	*teeth*	[ti:θ]
foot	[fʊt]	→	*feet*	[fi:t]
goose	[gu:s]	→	*geese*	[gi:s]
mouse	[maʊs]	→	*mice*	[maɪs]

Eine noch kleinere Zahl von Nomen hat **die gleiche Form** im Singular und im Plural 4:

sheep	→	*sheep*
fish	→	*fish*
fruit	→	*fruit*

Zählbare und nichtzählbare Nomen

Countable and uncountable nouns

1 *I'd like **an apple** and **a banana**, please.*
2 *Do you want **one** or **two eggs** for breakfast?*
3 *– Please buy **some milk** and **some butter**.*
– Sure. How much do we need?
*– **Three bottles of milk** and **two packets of butter** will be enough.*
4 *Our **furniture** is awful. Just look at **it**!*

Nomen wie *apples, bananas* und *eggs* sind **zählbar**. Sie haben eine Pluralform und können mit *a/an* 1 und Zahlwörtern 2 benutzt werden. Daher sagen wir *an/one apple, two apples, three apples* usw.

Nomen wie *milk* und *butter* sind **nichtzählbar**. Sie haben keine Pluralform und können deswegen nicht mit *a/an* oder Zahlwörtern benutzt werden 3.

Wollen wir **nichtzählbare Begriffe im Plural** benutzen, dann müssen wir ein geeignetes zählbares Nomen – z. B. *bottle of* oder *packet of* – hinzufügen 3.

Diese Nomen sind im Englischen **nichtzählbar**. Wie bei allen anderen nichtzählbaren Begriffen haben sie keine Pluralform. Daher stehen die **dazugehörigen Verben und Pronomen** immer im **Singular** 4:

advice	Rat, Ratschläge
damage	Schaden, Schäden

evidence	Beweis(e)
furniture	Möbel
hair	Haar
homework	Hausaufgabe(n)
information	Information(en)
knowledge	Wissen, Kenntnis(se)
progress	Fortschritt(e)

„Paarwörter"

Pair nouns

1 *Where **are** the **scissors**?*
2 *I've only got **one pair of jeans**.*

„Paarwörter" bezeichnen Dinge wie *scissors* (Schere) 1 und *jeans* (Jeans) 2, die aus zwei gleichen und miteinander verbundenen Teilen bestehen.

Solche Nomen können wir **nur im Plural** gebrauchen 1. Wollen wir ein „Paarwort" **im Singular** oder **mit einem Zahlwort** im Plural benutzen, müssen wir *a/one pair of …* bzw. *two/three/… pairs of …* **hinzufügen** 2.

Andere **wichtige „Paarwörter"** sind:

briefs	Slip
glasses	Brille
headphones	Kopfhörer
leggings	Leggings
(under)pants	Unterhose
pyjamas	Schlafanzug
shorts	kurze Hose, Shorts
swimming trunks	Badehose
tights	Strumpfhose
trousers	Hose

Der Genitiv

The genitive

Allgemeine Hinweise

Bei **Personen** und bei **Tieren mit Namen** benutzen wir den *s*-**Genitiv**:

My father's job *is not very interesting.*

This shop has ***men's, women's*** *and* ***children's clothes****.*

Where is ***the dog's/Bruno's lead*** (Leine)*?*

Steht das Nomen im Singular oder endet der Plural nicht auf -s, hängen wir einfach 's an:

The ***men's toilet*** *is on the left.*

Endet der Plural auf -s, hängen wir nur ein Apostroph (') an:

The ***girls' team*** *won, but the* ***boys' team*** *lost.*

Bei **Sachen** benutzen wir den ***of*-Genitiv**:

The man opened ***the door of the car*** *without looking. A cyclist fell off his bike into* ***the middle of the road****.*

Besonderheiten

Wenn das dazugehörige **Nomen schon vorher genannt** wurde, steht der *s*-Genitiv meist allein:

Who does ***this car*** *belong to?*

It is ***Nick King's****.*

Bei **Ortsangaben** wie schon bekannten Wohnungen *(houses, flats)*, Geschäften *(shops, businesses)*, Restaurants usw. lassen wir das nachfolgende Nomen grundsätzlich weg:

Please buy the sausages ***at the butcher's****, okay?*

I'll be late tomorrow. I'm going ***to the dentist's****.*

Bei **Zeitangaben** – *an hour's wait, this year's calendar, last night's TV programme* usw. – benutzen wir ebenfalls den *s*-Genitiv:

Have you seen ***today's paper*** *anywhere?*

Das Stützwort *one/ones*

The prop-word one/ones

1 *Do you want* ***the green T-shirt*** *or the* ***red one?***
2 *– Did you see* ***the films*** *on BBC1 last night?*
– No. I watched ***the ones*** *on ITV.*

Wollen wir ein **zählbares Nomen** nicht wiederholen, können wir es durch *one* (Singular) 1 bzw. *ones* (Plural) 2 ersetzen.

BEACHTE Anders als im Deutschen kann ein **Adjektiv** – *red* 1 – im Englischen **nicht allein** stehen.

1.2 Die Artikel und andere Begleiter

Articles and other determiners

Der bestimmte Artikel

The definite article

1 ***The car*** *stopped outside* ***the shop****.*
2 *We live in* ***the old house*** *at* ***the end*** *of the road.*
3 ***Violence*** *is increasing.*
4 ***The violence on TV*** *is particularly bad.*

Die Schreibweise des bestimmten Artikels bleibt immer unverändert: *the* 1 2.
Die **Aussprache** dagegen ändert sich. Vor Konsonanten wird das **e** in *the* [ðə] wie das **e** in „habe“ ausgesprochen 1, vor Vokalen wie das **ie** [ði] in „Liebe“ 2.

FEHLERQUELLE Generell wird der bestimmte Artikel im Englischen viel weniger als im Deutschen benutzt. Aus diesem Grund haben die meisten Fehler mit dem unnötigen Gebrauch des Artikels zu tun.

Hat ein Nomen eine allgemeine, uneingeschränkte Bedeutung, dann steht es ohne Artikel **3**.
Ist das Nomen näher beschrieben – also „bestimmt“ –, dann benutzen wir *the* **4**.

BEACHTE Insbesondere wird der bestimmte Artikel in den folgenden Fällen und Wendungen im Englischen **nicht** gebraucht:

- **bei Namen von Straßen, Plätzen** usw.:
  The cinema is ***in Station Road****.*
  Das Kino ist in der Bahnhofstraße.
  Tourists like to sit ***in Trafalgar Square****.*
  Touristen sitzen gerne am (an dem) Trafalgar Square.
  Lake Constance *is Europe's biggest lake.*
  Der Bodensee ist Europas größter See.
- **bei Verkehrsmitteln**:
  We go shopping ***by bus****.*
  Wir fahren mit dem Bus zum Einkaufen.
  It is almost quicker to go ***by train*** *than* ***by plane****.*
  Es ist fast schneller mit dem Zug als mit dem Flugzeug.
- **bei Gebäuden und Ortsangaben** im allgemeinen Sinn:
  Mr Coe is ***in hospital****.*
  Mr Coe liegt im (in dem) Krankenhaus.
  Do you go ***to school*** *on Saturdays?*
  Gehst du samstags in die Schule?
  The circus is ***in town*** *at the moment.*
  Zur Zeit ist der Zirkus in der Stadt.
- **bei Mahlzeiten als Zeitangaben**:
  I'm going shopping immediately ***after breakfast****.*
  Ich gehe sofort nach dem Frühstück einkaufen.
  The power cut happened just ***before lunch****.*
  Der Stromausfall trat direkt vor dem Mittagessen ein.
- **bei** ***most*** in der Bedeutung von „die meisten“:
  Most people *are friendly.*
  Die meisten Menschen sind freundlich.

Der unbestimmte Artikel

The indefinite article

1 *Can I have **a banana** and **a big glass** of milk, please?*
2 *Don't eat **an ice**. Have **an apple** or **an orange**.*
3 *Do all British schools have **a uniform**?*
4 *Our bus goes in **an hour**.*

Beginnt das Wort unmittelbar nach dem Artikel mit einem **Konsonanten**, benutzen wir ***a*** [ə], betont [eɪ] 1.
Wenn das Wort mit einem **ausgesprochenen Vokal** beginnt, benutzen wir ***an*** [en], betont [æn] 2. Entscheidend dabei ist, wie der Anfangslaut des Wortes ausgesprochen – nicht geschrieben – wird 3 4.

BEACHTE Anders als im Deutschen benutzen wir im Englischen den **unbestimmten Artikel** in den folgenden Fällen:

- **bei Berufsangaben:**
  *Helen is **a teacher** and John **an engineer**.*
  Helen ist Lehrerin und John Ingenieur.
- **bei Angaben über Nationalität, Religion, Politik:**
  *Is Birgit **an Austrian** or **a German**?*
  Ist Birgit Österreicherin oder Deutsche?
  *Was Lincoln **a Democrat** or **a Republican**?*
  War Lincoln Demokrat oder Republikaner?
- **bei Bagatellkrankheiten:**
  *Sally has got **a cold**.*
  Sally ist erkältet.
  *I've got **an awful headache**.*
  Ich habe schreckliche Kopfschmerzen.
- **bei nachgestellten Maß- und Zeitangaben:**
  *How much are these apples **a kilo**?*
  Wie viel kosten diese Äpfel pro Kilo?
  *Petrol costs 1.10 £ **a litre**.*
  Benzin kostet 1.10 £ pro Liter.

You may only drive at 30 kilometres ***an hour*** *here.*
Hier darfst du nur 30 Kilometer in der Stunde fahren.
We have English three times ***a week****.*
Wir haben Englisch dreimal in der Woche.

- **bei den folgenden Wendungen**:

to be in a hurry	in Eile sein, es eilig haben
to come to an end	enden
for a change	zur Abwechslung
for a long time	lange Zeit
for a short time	kurze Zeit
to have a bath	sich baden
to have a go	es versuchen
to have a shave	sich rasieren
to have a shower	sich duschen
to have a wash	sich waschen
in a loud voice	mit lauter Stimme
to make a noise	Lärm machen
to take a seat	Platz nehmen
What a pity!	Wie schade!
without a break	ohne Pause

BEACHTE Bei *half*, *quite*, *rather*, *such* wird *a/an* nachgestellt:
Hurry up. We've only got ***half an hour****.*
Beeil dich! Wir haben nur eine halbe Stunde.
We had ***quite a good holiday*** *in Holland.*
Wir hatten einen ganz guten Urlaub in Holland.
Tom can be ***rather a silly boy****.*
Tom kann ein ziemlich alberner Junge sein.
I've never read ***such an interesting book****.*
Ich habe noch nie so ein interessantes Buch gelesen.

***Some, any* und ihre Zusammensetzungen**

Some, any and their compounds

1 *Please don't forget to buy* ***some apples****.*
2 *We haven't got* ***any coffee****.*
3 *Have we got* ***any wine****, Helen?*
4 *Have you got* ***some salt****, please?*
5 *Would you like* ***some salad****, Tom?*
6 *– Listen! I think there is* ***somebody*** *at the door.*
– Really? I didn't hear ***anything****.*
7 *I can't find my cap* ***anywhere****. I expect I left it* ***somewhere*** *in town.*

Möchten wir über eine **unbestimmte Menge** *(indefinite quantity)* reden, benutzen wir ***some*** oder ***any*** („einige", „etwas"). Die beiden Wörter haben die gleiche Bedeutung, werden aber unterschiedlich eingesetzt.

Wir benutzen *some* in **bejahten Aussagen** 1 und *any* in **verneinten Aussagen** 2 und **Fragen** 3.

Ist eine Frage eigentlich eine höfliche **Bitte** 4, benutzen wir *some*. Dasselbe gilt auch für **Angebote** 5.

Wir benutzen die **Zusammensetzungen** von *some* und *any* – *somebody/anybody, someone/anyone, something/anything, somewhere/anywhere* – in genau derselben Art und Weise 6 7.

BEACHTE Im Englischen benutzen wir *some* und *any* auch, wenn wir im Deutschen „etwas"/„einige" weglassen würden:
Helen must buy ***some wine****.*
Helen muss Wein kaufen.

Wir benutzen *any* im Sinne von *it doesn't matter which* (es spielt keine Rolle, welche) auch in Aussagen:
You can come any day after 5 o'clock.
I'd like any Sinatra CD, please.
Beachte, dass *some* mit dieser Bedeutung nicht benutzt werden kann!

Many, much, a lot of, plenty of

1 *We haven't got **many rolls**.*
2 *How **many tomatoes** have we got?*
3 *People don't eat **much beef** nowadays.*
4 *Why did you buy so **much cheese**?*
5 *We have got **a lot of apples** and **a lot of bread**, too.*
6 *Don't eat **so much cake**. There's **too much sugar** in it.*
7 *– We have got **plenty of rolls**.*
*– And **plenty of butter** as well.*

Wir benutzen ***many*** mit **zählbaren** Nomen und ***much*** mit **nichtzählbaren** Nomen in **verneinten Aussagen** 1 3 oder **Fragen** 2 4. (↗ Zählbare u. nichtzählbare Nomen, S. 12 – 13)
In **bejahten Aussagen** benutzen wir ***a lot of*** mit zählbaren sowie nichtzählbaren Nomen 5.

BEACHTE Sehr häufig können wir *much* bzw. *many* durch *a lot of* ersetzen, nicht aber nach *as, so, too, how* und *very* 6.

Möchten wir **„mehr als genug"** ausdrücken, können wir *a lot of* durch *plenty of* ersetzen 7.

A few/few, a little/little

1 *Would you like* ***a little water*** *with your whiskey?*
2 *Can I have* ***a few potatoes****, please?*
3 *I'm afraid some pupils show* ***little interest*** *in school.*
4 ***Few players*** *are as good as Andy Möller.*

Wir benutzen *a little* (= ein wenig) und *little* (= wenig) mit **nichtzählbaren** 1 3 und *a few* (= ein paar) und *few* (= wenige) mit **zählbaren** Nomen 2 4. (↗ Zählbare und nichtzählbare Nomen, S. 12 – 13)
Dies gilt für **alle Satzarten**, also für bejahte und verneinte Aussagen und Fragen.

Each und *every*

1 *We go cycling* ***each/every weekend.***
2 *The police questioned* ***each/every person*** *in the room.*
3 *The two teams both scored a goal in* ***each half.***
4 ***Each of the girls*** *won a prize.*
5 *These four bikes cost over £500* ***each.***

Every bedeutet „alle ohne Ausnahme" und *each* etwa „jeder Einzelne aus einer begrenzten Anzahl."
Da von der Bedeutung her *each* und *every* sehr ähnlich sind, können wir die beiden Wörter beliebig einsetzen – **vorausgesetzt**, dass sie unmittelbar vor einem Nomen stehen 1 2.

Trotz dieser Bedeutungsähnlichkeit gibt es Fälle, in denen **nur** *each* infrage kommt:

- Von der Logik her ist *each* die einzige Möglichkeit bei einer Auswahl von zwei 3.
- *Every* kann nur vor einem Nomen benutzt werden. Deshalb ist *each* die einzige Möglichkeit vor einer *of*-Fügung 4 und wenn das Wort allein – also ohne Nomen – steht 5.

1.3 Die Pronomen
Pronouns

Personalpronomen
Personal pronouns

Subjektform

Tom is British. ***He*** *lives in London.*
Helen is Scottish. ***She*** *lives in Stirling.*
Alan and Lucy are Welsh. ***They*** *live near Conway.*

Objektform

Where's Helen? I haven't seen ***her*** *today.*
Please visit ***us*** *when you're in Bristol.*
That man hit ***me*** *with his umbrella.*
Can you lend ***me*** *your bike, please? I'll bring* ***it*** *back tomorrow.*

Personalpronomen können Nomen ersetzen. Wir benutzen sie unter anderem, um eine eintönige Wiederholung von Namen und Nomen zu vermeiden.

Personalpronomen können sowohl **Subjekt** als auch **Objekt** eines Satzes sein.

Die Personalpronomen

Subjekt		Objekt (wem?, wen? oder was?)
I	ich	*me*
you	du/Sie	*you*
he	er	*him*
she	sie	*her*
it	es/er/sie	*it*
we	wir	*us*
you	ihr/Sie	*you*
they	sie	*them*

BEACHTE Im Englischen – ganz anders als im Deutschen – benutzen wir immer *it* für Sachen und Tiere. Die „geschlechtsanzeigenden“ Pronomen *he* und *she* werden nur für Menschen und Haustiere verwendet.

Possessivadjektive *(my, your, ...)*

Possessive adjectives

1 *Sally hasn't finished* ***her homework*** *yet.*
2 *Is that* ***their new car****?*
3 *Please wash* ***your hands*** *before eating.*
4 *Helen left* ***her coat*** *on the bus.*
5 *Look at that bird. It has hurt* ***its wing****.*

Die Possessivadjektive sagen uns, wem irgendetwas gehört. Sie stehen **immer unmittelbar vor dem entsprechenden Nomen**, genau wie ein Adjektiv.

Die Possessivadjektive	
I	***my***
you	***your***
he	***his***
she	***her***
it	***its***
we	***our***
you	***your***
they	***their***

FEHLERQUELLE 1 Beachte die **Schreibweise** von *its*. Diese wird manchmal mit *it's* (Kurzform von *it is*) verwechselt.

FEHLERQUELLE 2 Beachte die **Schreibweise** von *their* (ihr/ihre). Diese wird häufig mit *there* (da/dort) verwechselt 2.

Im Englischen verwenden wir Possessivadjektive bei **Körperteilen** 3 und **Kleidungsstücken** 4. Im Deutschen hingegen benutzen wir meist den bestimmten Artikel (die Hände, den Mantel).

Possessivpronomen *(mine, yours, …)*

Possessive pronouns

> *Is this your coat, Helen?*
> *No, it's not mine. Ask Sally.*
> *You're right. It must be hers.*

Mine und *hers* sind Possessivpronomen, die allein – also **ohne Nomen** – stehen.
Possessivpronomen werden statt eines schon erwähnten Possessivadjektivs + Nomen *(your coat)* benutzt. Wir vermeiden dadurch lästige Wiederholungen.

Die Possessivpronomen	
I	***mine***
you	***yours***
he	***his***
she	***hers***
it	–
we	***ours***
you	***yours***
they	***theirs***

Self-Pronomen (Reflexivpronomen)

Self-pronouns (reflexive pronouns)

1 *Jane **hurt herself** when she fell off her bike.*
2 *Mr and Mrs Coe are both over 80 but they still **look after themselves**.*
3 *We never buy vegetables. **My dad grows** them **himself**.*

Self-Pronomen – oder Reflexivpronomen – beziehen sich auf das **Subjekt** des Satzes. Wir benutzen sie also, wenn das Objekt dieselbe Person oder Sache wie das Subjekt ist 1 2.

Wir benutzen *self*-Pronomen auch, wenn wir betonen möchten, dass eine **bestimmte Person** irgendetwas selbst tut oder getan hat 3. Bei diesem Gebrauch benutzen wir im Deutschen „selbst"/ „selber". 1

Die *self*-Pronomen

I	***myself***	
you	***yourself***	[jɔːˈself]
he	***himself***	
she	***herself***	
it	***itself***	
we	***ourselves***	
you	***yourselves***	[jɔːˈselvz]
they	***themselves***	

BEACHTE die **Schreibweise** der Pluralformen: *ourselves*, *yourselves*, … (↗ Die regelmäßige Pluralbildung, S. 10 – 11).

FEHLERQUELLE *Self*-Pronomen werden im Englischen viel seltener als im Deutschen verwendet. Beachte, dass die folgenden deutschen Verben im Englischen **kein *self*-Pronomen** haben:

sich ändern	*to change*
sich beeilen	*to hurry up*
sich beklagen	*to complain*
sich bewegen	*to move*
sich erinnern	*to remember*
sich entschuldigen	*to apologise*
sich entspannen	*to relax*
sich fragen	*to wonder*
sich freuen auf	*to look forward to*
sich fühlen	*to feel*
sich fürchten	*to be afraid*

sich hinlegen	*to lie down*
sich hinsetzen	*to sit down*
sich öffnen	*to open*
sich Sorgen machen	*to worry*
sich streiten	*to quarrel*
sich treffen	*to meet*
sich verändern	*to change*
sich verstecken	*to hide*
sich (etwas) vorstellen	*to imagine (something)*
aber:	
sich amüsieren	*to enjoy oneself*

Each other/one another

> *We always help **each other** with our homework.*
> *Mr and Mrs Green often argue with **one another**.*

Die beiden Pronomen *each other/one another* haben dieselbe Bedeutung und die gleiche Form für alle Personen. Es ist also einerlei, welches der beiden Pronomen benutzt wird.
Möchten wir eine **wechselseitige Beziehung** ausdrücken, benutzen wir *each other/one another* statt eines *self*-Pronomens.

Die Demonstrativpronomen *this/these, that/those*

The demonstrative pronouns this/these, that/those

> **1** *This book (here) belongs to Helen.*
> **2** *Can I borrow **these CDs** (here), please?*
> **3** *Is **that man** (over there) your English teacher?*
> **4** *Do **those boys** (over there) go to your school, too?*

This (Singular) **1** und *these* (Plural) **2** verwenden wir bei sich **in der Nähe** befindenden Personen und Dingen. Sie entsprechen also den deutschen Pronomen „diese/dieser/dieses …“.

That (Singular) 3 und *those* (Plural) 4 benutzen wir bei **weiter entfernten** Personen und Dingen. Sie entsprechen den deutschen Pronomen „jene/jener/jenes …“.

Demonstrativpronomen können **auch zeitlich** benutzt werden. In dieser Anwendung bedeuten *these* etwa „jetzt“ und *that/those* „in der (meist entfernteren) Vergangenheit“:
*Life has become more complicated **these days**.*
Heutzutage ist das Leben viel komplizierter geworden.
***At that time** I was working in New York.*
Zu jener Zeit/Damals arbeitete ich in New York.
***In those days** most people worked on the land.*
In jenen Tagen/Damals arbeiteten die meisten Menschen auf dem Lande.

1.4 Das Adjektiv
Adjectives

Der Gebrauch
Use

1 *Tom has bought a **new car**.*
2 *German **is difficult** to learn.*
3 *Helen **looks beautiful** today.*
4 *This cake **tastes good**!*

Wir benutzen Adjektive, um **Personen** und **Sachen** näher zu beschreiben.
Genau wie im Deutschen stehen Adjektive entweder unmittelbar **vor einem Nomen** 1 oder **nach einer Form von *be* oder *become*** 2.

Es gibt auch eine kleine Zahl von **Verben der sinnlichen Wahrnehmung** *(sense verbs)*, die ebenfalls von Adjektiven – nicht also Adverbien – beschrieben werden 3 4.

Die wichtigsten sind: *to feel* (sich fühlen), *to look* (aussehen), *to seem* (scheinen), *to smell* (duften, riechen), *to sound* (klingen), *to taste* (schmecken).

Die Steigerung von Adjektiven

Comparison of adjectives

1 – *Tom is* ***fast****, isn't he?*
– *Yes, but Ben is* ***faster****.*
– *You're right. He's* ***the fastest runner****.*

2 *Is Paris* ***bigger*** *than London?*

3 *Helen is* ***the happiest girl*** *I know. She's* ***the nicest****, too.*

4 – *This bike is* ***more expensive*** *than that one.*
– *Sure, but the red one is the* ***most expensive bike*** *of all.*

5 *It is* ***better*** *to eat apples than sweets.*

Im Englischen kennen wir die *-er*/*-est*-Steigerung **1** **2** **3** und die *more*/*most*-Steigerung **4**.

- Wir benutzen die ***-er*/*-est*-Steigerung** für
  - **alle einsilbigen Adjektive:**

big	*bigger*	*biggest*
clean	*cleaner*	*cleanest*
fast	*faster*	*fastest*
loud	*louder*	*loudest*
nice	*nicer*	*nicest*
old	*older*	*oldest*

BEACHTE die **Schreibweise:** Der **Endkonsonant** nach einem kurzen Vokal wird **verdoppelt** **2** und das **stumme** (= nicht ausgesprochene) ***-e*** fällt weg **3**.

- alle zweisilbigen Adjektive, die auf *-y* enden:

early	*earlier*	*earliest*
happy	*happier*	*happiest*
lucky	*luckier*	*luckiest*
silly	*sillier*	*silliest*
thirsty	*thirstier*	*thirstiest*

1

BEACHTE die **Schreibweise**: Beim **Anhängen** von *-er*/*-est* wird das *-y* zum ***-i*** 3.

- Wir benutzen die ***more***/***most***-Steigerung für
  - zweisilbige Adjektive, die nicht auf *-y* enden:

boring	***more*** *boring*	***most*** *boring*
careful	***more*** *careful*	***most*** *careful*
famous	***more*** *famous*	***most*** *famous*
helpful	***more*** *helpful*	***most*** *helpful*
nervous	***more*** *nervous*	***most*** *nervous*

  - alle mehrsilbigen Adjektive 4:

beautiful	***more*** *beautiful*	***most*** *beautiful*
difficult	***more*** *difficult*	***most*** *difficult*
expensive	***more*** *expensive*	***most*** *expensive*
intelligent	***more*** *intelligent*	***most*** *intelligent*
interesting	***more*** *interesting*	***most*** *interesting*

- Bei einer kleinen Zahl von zweisilbigen Adjektiven sind **beide Steigerungen** – also *-er*/*-est* oder *more*/*most* – möglich:
  Jane is ***cleverer/more clever*** *than Jill.*

- Die wichtigsten Adjektive dieser Gruppe sind:

cruel	crueller more cruel	cruellest most cruel	grausam
pleasant	pleasanter more pleasant	pleasantest most pleasant	angenehm
polite	politer more polite	politest most polite	höflich
quiet	quieter more quiet	quietest most quiet	ruhig, still
stupid	stupider more stupid	stupidest most stupid	dumm
tired	tireder more tired	tiredest most tired	müde

- sowie alle Adjektive, die auf *-er*, *-le*, *-ow* enden, z. B.:

clever	cleverer more clever	cleverest most clever	klug angenehm
gentle	gentler more gentle	gentlest most gentle	sanft ruhig, still
simple	simpler more simple	simplest most simple	einfach müde
narrow	narrower more narrow	narrowest most narrow	schmal, eng

- Diese Adjektive werden unregelmäßig gesteigert 5:

bad	worse	worst	schlecht …
far	further	furthest	weit …
good	better	best	gut …
a lot of	more	most	viel/viele
many	more	most	viele
much	more	most	viel
some	more	most	einige
(a) few	less	least	wenig/wenige
(a) little	less	least	wenig/wenige

BEACHTE *little* in der Bedeutung von „klein" kann **nicht** gesteigert werden. Deshalb benutzen wir **small – smaller – smallest.**

Vergleiche in Sätzen
Sentence comparisons

1 *Is Munich* ***as big as*** *Hamburg?*
2 *Amsterdam is* ***not as big as*** *Berlin.*
3 *I find books* ***more interesting than*** *television.*
4 *English is* ***less difficult than*** *German.*

Möchten wir **Personen** oder **Sachen im Satz** miteinander vergleichen, haben wir die folgenden Möglichkeiten:

as … as	genauso … wie	1
not as … as	nicht so … wie	2
more/less … than	mehr/weniger … als	3 4

1.5 Das Adverb
Adverbs

Adjektive und Adverbien im Vergleich
Adjectives and adverbs compared

Der Gebrauch von Adjektiven
Möchten wir **Personen** oder **Sachen** näher beschreiben, benutzen wir Adjektive (↗ Das Adjektiv, S. 27):
Ben Scott is a ***fascinating*** *man.*
I think Paris is ***more exciting*** *than Berlin.*

Adjektive stehen **unmittelbar vor Nomen** oder **nach einer Form von *be*** bzw. *become* (werden) oder *seem* (scheinen), die *be* ersetzen können:

*Helen works for a **big firm** in London. Her job **is interesting** and she **seems happy** there.*

Wir verwenden Adjektive auch mit **Verben** wie *to feel* (sich fühlen), *to look* (aussehen), *to sound* (klingen), *to smell* (duften, riechen) und *to taste* (schmecken), die eine **sinnliche Wahrnehmung** ausdrücken:
*Bob **looks sad** today.*
*A lot of pupils **feel bored** at school.*

Der Gebrauch von Adverbien

Möchten wir ein **Tätigkeitsverb** näher beschreiben, muss ein **Adverb** folgen:
*Always **drive slowly** near schools.*
*Harry always **works carefully** and **neatly**.*
*Please **speak loudly**. Mrs Coe can't **hear well**.*

Wir benutzen Adverbien auch, um **1** **Adjektive**, **2** **andere Adverbien** und **3** **ganze Sätze** näher zu bestimmen:

1 *Our team is **surprisingly good** at the moment.*
*The meal was **absolutely terrible**.*
2 *I'm afraid some boys behaved **very badly**.*
*Tom sang **surprisingly well**.*
3 ***Unfortunately** we missed our bus.*
***Luckily** the doctor was at home.*

Das *ly*-Adverb

1 *Please come **quickly**.*
2 *You should go to the dentist **regularly**.*
3 *The driver shouted **angrily** at the cyclist.*
4 *The play was **terribly** funny.*
5 *Manchester United is playing **fantastically** well.*

Wir bilden die weitaus **meisten Adverbien** durch das einfache **Anhängen von** ***-ly*** an das entsprechende Adjektiv 1 2.

BEACHTE Beim Anhängen von *-ly* gibt es einige wichtige **Schreibregeln.**

- Endet das Adjektiv auf *-y*, wird das *-y* zu ***-i*** 3:

*angr**y***	→	*angr**ily***
*eas**y***	→	*eas**ily***
*happ**y***	→	*happ**ily***
*hungr**y***	→	*hungr**ily***
*thirst**y***	→	*thirst**ily***
aber:		
*sh**y***	→	*sh**yly*** (schüchtern)

- Endet das Adjektiv auf *-le*, fällt das *-e* weg 4:

*probab**le***	→	*probab**ly***
*simp**le***	→	*simp**ly***
*terrib**le***	→	*terrib**ly***

- Endet das Adjektiv auf *-ic*, wird ***-ally*** angehängt 5:

*automat**ic***	→	*automatic**ally***
*bas**ic***	→	*basic**ally***
*enthusiast**ic***	→	*enthusiastic**ally***
*fantast**ic***	→	*fantastic**ally***
*systemat**ic***	→	*systematic**ally***

Einige Adjektive – am wichtigsten *friendly, lively, lovely, silly* und *ugly* – enden schon auf *-ly*. Um das Adverb zu bilden, benutzen wir das unveränderte Adjektiv mit der **Umschreibung *in (such) a … way***:

*Sarah alway treats people **in a friendly way**.*
*Why are you speaking **in such a silly way?***
*The man looked at the child in **an ugly way**.*

Unregelmäßige Adverbien

Irregular adverbs

1 *Jane always comes **early**.*
2 *Don't speak so **fast**. I can't understand you.*

Die **Adverbien** *early* **1**, *fast* **2**, *long* und *straight* (sofort) haben **dieselbe Form** wie das entsprechende **Adjektiv**.

3 *Why do you always come **late**?*
4 *– Have you seen Jim **lately**?*
*– No. I **hardly** ever see him nowadays.*
5 *I'm pleased. You're playing **well** at the moment.*

Einige Adverbien haben **zwei Formen**, eine wie das Adjektiv **3** und eine auf *-ly* **4**. Die beiden Formen haben **unterschiedliche Bedeutungen**.

Die wichtigsten Adverbien dieser Gruppe sind:

Adverb-Form = Adjektiv-Form		*ly*-Adverb	
close	nah	*closely*	sorgfältig, genau
deep	tief	*deeply*	zutiefst
fair	gerecht	*fairly*	ziemlich
hard	hart	*hardly*	kaum
high	hoch	*highly*	sehr, höchst
late	spät	*lately*	vor kurzem, neulich
most	meist	*mostly*	hauptsächlich, meistens
near	nah	*nearly*	fast
pretty	ziemlich	*prettily*	hübsch
short	kurz	*shortly*	binnen kurzem
wide	weit	*widely*	an vielen Orten

FEHLERQUELLE Die Adverbform von *good* ist ***well*** **5**.

Die Steigerung von Adverbien
Comparison of adverbs

1 *I wish people would work **more carefully**.*
2 *Jane works **most carefully** in our office.*
3 *You must work **harder** or you'll lose your job.*
4 *Helen left the office **earliest**.*

Endet das Adverb auf *-ly*, steigern wir mit *more/most* 1 2. Hat das **Adverb** dieselbe Form wie das **Adjektiv**, steigern wir mit *-er/-est* 3 4.

BEACHTE Diese Steigerungen sind **unregelmäßig**:

well	*better*	*best*
badly	*worse*	*worst*

Vergleiche in Sätzen
Sentence comparisons

1 *Does Tom work **as well as** the others?*
2 *My car does **not** go **as fast as** Mike's.*
3 *Sally works **more systematically than** Brenda.*
4 *Helen speaks German **less fluently than** Ben.*

Möchten wir **Personen** oder **Dinge im Satz** miteinander vergleichen, haben wir die folgenden Möglichkeiten:

as … as	genauso … wie	1
not as … as	nicht so … wie	2
more/less … than	mehr/weniger … als	3 4.

FEHLERQUELLE Deutschsprachige Schülerinnen und Schüler machen leicht Fehler, indem sie *so* statt *as* verwenden oder indem sie *as* einsetzen, wo *than* richtig wäre.
*This T-Shirt is not ~~so~~ **as** cheap **as** that one.*
*My dog is cleverer ~~as~~ **than** yours.*

Arten von Adverbien und ihre Stellung
Kinds of adverbs and their position

Satzadverbien
Sentence adverbs

> ***Luckily*** *the rain soon stopped.*
> ***Maybe*** *we can find a taxi.*
> ***Of course*** *you can borrow my bike.*

Satzadverbien – wie *fortunately*/*unfortunately* (leider), *in fact* (in der Tat), *luckily* (glücklicherweise) /*unluckily*, *maybe* (vielleicht), *naturally* (natürlich), *obviously* (offensichtlich), *of course* (selbstverständlich) und *perhaps* (vielleicht) – bestimmen einen ganzen Satz. Daher stehen sie am **Satzanfang**.

Adverbien der Art und Weise
Adverbs of manner

> *The car was going too* ***quickly****.*
> *The man spoke to us* ***politely****.*

Adverbien der Art und Weise (Hilfsfrage: Wie?) – z. B. *badly*, *beautifully*, *politely* (höflich), *quickly*, *shortly* (barsch) usw. – stehen in der Regel am **Satzende**.

Zeit- und Ortsadverbien
Adverbs of time and place

> *Helen went home* ***at 3 o'clock****.*
> *Tom lives* ***in London****.*

Zeitadverbien (Hilfsfrage: Wann?) und Ortsadverbien (Hilfsfragen: Wo?, Wohin?) stehen in der Regel am **Satzende**.

- Stehen ein Zeitadverb **und** ein Ortsadverb zusammen am Satzende, dann gilt die **Reihenfolge Ort vor Zeit** (O vor Z):
  *Our plane leaves **New York at 10.30**.*
- Eine Anreihung von Orts- bzw. Zeitadverbien am Satzende wird **vom Spezifischen zum Allgemeinen** geordnet:
  *Our plane lands **at 10.30 on 10 May**.*
  *They live **in a flat in Church Lane in York**.*
- Kommt ein **Adverb der Art und Weise** dazu, ist die Reihenfolge **Art und Weise – Ort – Zeit** (*Manner – Place – Time*):
  *Mary sang **beautifully at the concert last night**.*

Häufigkeitsadverbien

Adverbs of frequency

1 *Helen **always** walks to the office.*
2 *Tom is **sometimes** late for work.*
3 *We go shopping **every Saturday**.*

Besteht ein Häufigkeitsadverb aus **einem Wort** – z. B. *always, never, often, sometimes* –, steht es unmittelbar **vor dem Vollverb** 1 bzw. **nach einer Form von *be*** 2.

Besteht das Adverb aus **mehr als einem Wort** – z. B. *every day, now* and *then* –, steht es wie ein Zeitadverb am **Satzende** 3.

Gradadverbien

Adverbs of degree

*The baby **nearly** died.*
*Are you **completely** certain?*
*The film was **quite** good.*
*Harry behaved **a bit** stupidly at the party.*

Gradadverbien – z. B. *a bit* (ein bisschen), *absolutely, completely* (völlig), *hardly* (kaum), *nearly* (fast), *pretty* (ziemlich), *rather* (ziemlich), *really* (eigentlich, wirklich), *totally*, *very*, *wholly* (gänzlich) – haben die gleiche Position wie Adjektive. Sie stehen unmittelbar **vor dem Wort, das sie beschreiben**.

1.6 Die Konjunktion

Conjunctions

> *Helen likes fruit **and** vegetables.*
> *You can walk **or** go by bus.*
> *Tom tried on the trousers, **but** they were too big.*
> *Dad was in the garden **when** I saw him.*
> *I was late **because** my bus didn't come.*
> *We lost the game **although/though** we had trained hard.*

Wir benutzen Konjunktionen, um Wörter, Satzglieder oder Sätze miteinander zu verbinden.

Die **häufigsten Konjunktionen** sind:

although	obwohl
and	und
as soon as	sobald
because	weil
because of	wegen
but	aber
or	oder
though	obwohl
when	als, wenn

BEACHTE Die Konjunktion *when* hat zwei Bedeutungen:
*It started to rain **when** we were waiting for the bus.*
Es fing an zu regen, **als** wir auf den Bus warteten.
*Can you give Kate this book **when** you see her?*
Kannst du Kate dieses Buch geben, **wenn** du sie siehst?

Teste dein Wissen!

Kapitel „Wortarten“	O. K. ✓	Das muss ich noch mal lesen
Ich kann den regelmäßigen Plural bilden und kann ihn auch richtig schreiben.		S. 10, 11
Ich kann den unregelmäßigen Plural bilden, auch bei Nomen, die keine gesonderte Pluralform haben.		S. 11, 12
Ich kann Beispiele für nichtzählbare Nomen im Plural und „Paarwörter“ im Singular nennen.		S. 12, 13
Den Genitiv kann ich korrekt anwenden.		S. 14
Ich kann den unterschiedlichen Gebrauch des bestimmten und des unbestimmten Artikels darstellen.		S. 15–18
Ich kann unbestimmte Mengenangaben, wie *some/any*, *much/many,* fehlerfrei anwenden.		S. 19, 20
Die Possessivadjektive und die Possessivpronomen kann ich fehlerfrei anwenden.		S. 23, 24
Ich kann die Objektform der Personalpronomen und die *self*-Pronomen aufsagen.		S. 22, 24, 25
Ich kann zwischen Adjektiven, Adverbien und ihren Sonderformen unterscheiden.		S. 27–37
Ich kann Personen oder Dinge miteinander vergleichen.		S. 31, 35
Ich kann Sätze und Satzteile mit Konjunktionen verbinden.		S. 38

2 Das Verb

2.1 Die Verben *be, have* und *do*

The verbs be, have and do

Das Verb *be*

The verb be

1 *Berlin **is** the German capital now but it **was** Bonn.*
2 *– **Is** Tom there, please?*
*– No, he **isn't** (**is not**) here. He**'s** (**is**) on holiday this week.*
3 *Helen **is cooking** at the moment.*
4 *Our car **was made** in France.*

Wir können das Verb *be* alleine als **Vollverb** benutzen 1 2 und als ein **Hilfsverb**, um die *progressive*-Zeiten 3 oder das Passiv 4 zu bilden.

In **verneinten Sätzen** und **Fragen** benutzen wir *be* genau wie „sein" im Deutschen 2.

Normalerweise benutzen wir in der gesprochenen Sprache und in privaten Briefen die **Kurzform** 2, wie in den Tabellen rechts angegeben.

Wir bilden das ***present*** und ***past*** von *be* wie folgt:

Present (Präsens)

bejaht		verneint	
lang	kurz	lang	kurz
*I **am***	*I'm*	*I am not*	*I'm not*
*you **are***	*you're*	*you are not*	*you're not, you aren't*
*he **is***	*he's*	*he is not*	*he's not, he isn't*
*she **is***	*she's*	*she is not*	*she's not, she isn't*
*it **is***	*it's*	*it is not*	*it's not, it isn't*
*we **are***	*we're*	*we are not*	*we're not, we aren't*
*you **are***	*you're*	*you are not*	*you're not, you aren't*
*they **are***	*they're*	*they are not*	*they're not, they aren't*

2

BEACHTE Bei der **Verneinung** gibt es – mit Ausnahme der 1. Person Singular – **zwei Kurzformen**. Entweder können wir das Pronomen *(I, you, he, …)* mit dem Verbteil kombinieren **1** **2** oder den Verbteil mit ***not*** **3**:

1 ***She's not*** *from Vienna.*
2 ***They're not*** *from Vienna.*
3 ***They aren't*** *from Vienna.*

Past (Präteritum/Imperfekt)

bejaht	verneint	
	lang	kurz
*I **was***	*I was not*	*I wasn't*
*you **were***	*you were not*	*you weren't*
*he **was***	*he was not*	*he wasn't*
*she **was***	*she was not*	*she wasn't*
*it **was***	*it was not*	*it wasn't*
*we **were***	*we were not*	*we weren't*
*you **were***	*you were not*	*you weren't*
*they **were***	*they were not*	*they weren't*

Die Partizipien

Die **Partizipien** von *be* lauten:

being	-*ing*-Form	(Partizip Präsens)
been	3. Form	(Partizip Perfekt)

There + eine Form von *be*

1 ***There is** some milk in the fridge.*
Es ist etwas Milch im Kühlschrank.

2 ***There was** a bad accident in town yesterday.*
Es gab gestern einen schlimmen Unfall in der Stadt.

3 *Do you think **there is** life on Mars?*
Glauben Sie, dass es Leben auf dem Mars gibt?

Mit *there* + einer Form von *be* drücken wir aus, dass irgendetwas vorhanden ist 1, passiert ist 2 oder existiert 3.
Im Deutschen wird diese Idee meist durch eine Form von „es gibt …" ausgedrückt.

FEHLERQUELLE Die **Schreibweise** von ***there*** bereitet vielen Probleme.

Zum Vergleich:

there	da, dort
their	ihr
they're	sie sind (Kurzform von *they are*)

Das Verb *have*

1 *Helen **has got** a car.*

2 ***Has** Helen **got** a car?*

3 *Tom and Helen **haven't got** any children yet.*

Als **Vollverb** bedeutet *have* „haben", „besitzen". In der Gegenwart *(present)* benutzen wir – vor allem im britischen Englisch –

have got **1**. Dies bedeutet, dass bei **Fragen** **2** und der **Verneinung** **3** eine Umschreibung mit *do/does* entfällt.

4 *Helen **has** a car.*
5 ***Does** Helen **have** a car?*
6 *Tom and Helen **don't have** any children yet.*

Benutzen wir *have* ohne *got* **4**, dann bilden wir **Fragen** **5** und die **Verneinung** **6** mit *do/does*.

2

In der **Vergangenheit** wird *got* meist nicht benutzt. Daher bilden wir Fragen und die Verneinung mit *did*.
– ***Did** you **have** a nice time at the weekend?*
– *No, we **didn't have** a nice time at all.*

In der gesprochenen Sprache benutzen wir meist nur die **Kurzform.**
Als **Hilfsverb** benutzen wir *have*, um die *perfect*-Zeiten zu bilden (↗ *present perfect*, S. 49 – 51, ↗ *past perfect*, S. 55 – 56).
***I have worked** here since last July.*

Wir bilden das ***present*** und ***past*** von *have* wie folgt:

Present (Präsens)

bejaht		verneint	
lang	kurz	lang	kurz
*I **have***	*I've*	*I have not*	*I haven't*
*you **have***	*you've*	*you have not*	*you haven't*
*he **has***	*he's*	*he has not*	*he hasn't*
*she **has***	*she's*	*she has not*	*she hasn't*
*it **has***	*it's*	*it has not*	*it hasn't*
*we **have***	*we've*	*we have not*	*we haven't*
*you **have***	*you've*	*you have not*	*you haven't*
*they **have***	*they've*	*they have not*	*they haven't*

BEACHTE Die **Kurzformen** von *he/she/it* ***is*** und von *he/she/it* ***has*** sind identisch: *he's, she's, it's*. Ob es sich um *is* oder *has* handelt, ist jedoch leicht aus dem jeweiligen Zusammenhang zu erkennen.

Past (Präteritum/Imperfekt)

Das *past* von *have* heißt ***had***. Die verneinte Form ist ***had not*** (Langform) bzw. ***hadn't*** (Kurzform). Dies gilt **bei allen Personen**.

Die Partizipien

Die Partizipien von *have* lauten:

having	-*ing*-Form	(Partizip Präsens)
had	3. Form	(Partizip Perfekt)

Das Verb *do*

1 *Tom usually* ***does*** *the shopping.*
2 ***I did*** *my homework on Sunday.*
3 ***I don't do*** *my homework as soon as I get home.*
4 ***Do*** *you* ***do*** *the cooking, too, Tom?*

Als **Vollverb** bedeutet *do* „erledigen" 1 bzw. „machen" 2. Verwenden wir *do* als **Vollverb**, bilden wir die **Verneinung** 3 und **Fragen** 4 ebenfalls mit *do*. Dann erscheint *do* natürlich zweimal im Satz, erst als Hilfsverb und dann als Vollverb im Infinitiv.

5 *We* ***didn't go*** *on holiday last summer.*
6 ***Do*** *Helen and Tom* ***work*** *for the same firm?*
7 ***Don't shout****. Put up your hand.*

Bei allen Vollverben benutzen wir *do* als **Hilfsverb**, um die **Verneinung** 5, **Fragen** 6 und die **verneinte Befehlsform** 7 zu bilden.

Genau wie bei *be* und *have* benutzen wir in der gesprochenen Sprache und in Privatbriefen meist die **Kurzform**:
*You **don't** know Sally Wood, do you?*
*Tom **doesn't** like curry.*
*I **didn't** enjoy the film much.*

Wir bilden das ***present*** und das ***past*** von *do* wie folgt:

Present (Präsens)

bejaht	verneint	
	lang	kurz
*I **do*** *you **do*** *he **does*** *she **does*** *it **does***	*I do not* *you do not* *he does not* *she does not* *it does not*	*I don't* *you don't* *he doesn't* *she doesn't* *it doesn't*
*we **do*** *you **do*** *they **do***	*we do not* *you do not* *they do not*	*we don't* *you don't* *they don't*

Past (Präteritum/Imperfekt)

Das *past* von *do* heißt ***did***. Die verneinte Form ist ***did not*** (Langform) bzw. ***didn't*** (Kurzform). Dies gilt **bei allen Personen**.

Die Partizipien

Die Partizipien von *do* lauten:

doing	*-ing*-Form	(Partizip Präsens)
done	3. Form	(Partizip Perfekt)

2.2 Das Vollverb
Full verbs

Das Präsens
The present

Das *simple present*

1 *Tom **lives** in Southport but he **works** in Liverpool.*
2 *I **take** the train to Liverpool every morning.*
3 *In the evening the Greens usually **watch** television.*
4 *Tom **doesn't go** (does not go) to work by bus.*
5 *Tom, **do you go** to work by car or by train?*

Mit **Ausnahme der 3. Person Singular** hat bei Vollverben das *simple present* immer dieselbe Form wie der Infinitiv. Bei *he/she/it* wird ein *-s* angehängt.

Es gibt folgende **Schreibregeln** beim Anhängen von *-s*:

- Bei einem **Zischlaut** *(-ch, -sh, -ss, -x)* benutzen wir *-**es***:

teach	→	*teaches*	[tiːtʃɪs]
wash	→	*washes*	[wɒʃɪs]
miss	→	*misses*	[mɪsɪs]
fix	→	*fixes*	[fɪksɪs]

- Das *-y* nach einem **Konsonanten** wird zum *-**i***. Hinzu kommt die Entdeckung *-**es***:

fly	→	*flies*
try	→	*tries*

- Das *-y* nach einem **Vokal** bleibt dagegen unverändert:

buy	→	*buys*
stay	→	*stays*

Ist kein Hilfsverb im Satz vorhanden, bilden wir die **Verneinung** mit *do not (don't)/does not (doesn't)* **4**.

BEACHTE Das **Vollverb** steht bei der Verneinung immer im **Infinitiv**.

Für **Fragen** gilt Folgendes:

- Gibt es **kein Hilfsverb** im Satz, werden Fragen ebenfalls **mit *do/does*** gebildet 5.
- Bei Fragen mit ***what?*** und ***who?*** verfahren wir anders. Ist *what*? bzw. *who?* das **Subjekt** des Satzes, dann benötigen wir **kein Hilfsverb**, um Fragen zu bilden:
  What happens when you are late for school?
  Who teaches you English?
- Ist aber das Fragewort das **Objekt** des Satzes, dann bilden wir Fragen **mit einem Hilfsverb**, also wie gewöhnlich:
  What does this word mean in English?
  ***Who do you like** best*, Tom or Ben?

2

Wir benutzen das *simple present*, um zu sagen, was immer so ist 1 oder was man immer wieder macht 2 3.

Die folgenden **Zeitangaben** kommen sehr häufig mit dem *simple present* vor:
always, never, often, seldom/rarely (selten), *sometimes, now and then* (ab und zu)
usually, normally, regularly, generally (im Allgemeinen), *as a rule* (in der Regel)
every day/week/month/..., on Mondays/..., at weekends/Christmas/...
Grundsätzlich benutzen wir das *simple present*, um über den **Inhalt von Texten** (hier J. B. Priestley's *An Inspector Calls*) zu sprechen:

> *The policeman **visits** the Birlings and **tells** them about the girl's suicide. He **questions** each member of the family and **shows** that they **are** all partly responsible* (verantwortlich) *for her death.*

Das *present progressive*

*Tom **is washing** his car at the moment.*

Wir bilden das *present progressive* mit ***am/is/are*** + **-ing-Form des Vollverbs.**

- Bei Verben, die auf *-e* enden, lassen wir bei der Bildung der *-ing*-Form den Endbuchstaben ***-e* weg**:
  come → *coming*
  make → *making*
- Bei Verben, die auf *-ie* enden, wird das *-ie* zum *-y*:
  die → *dying*
  lie → *lying*
- Bei Verben, die mit einem kurzen Vokal + folgendem Konsonanten wie *-m*, *-n*, *-p* oder *-t* enden, wird der **Konsonant verdoppelt**:
  run → *running*
  stop → *stopping*
  put → *putting*

Da beim *present progressive* immer ein Hilfsverb *(am/is/are)* vorhanden ist, wird die **Verneinung mit *not/n't*** gebildet.
*I **am not feeling** very well at present.*

Um **Fragen** zu bilden, tauschen wir *am/is/are* und das Subjekt einfach aus.
*Where **is Helen working** now?*

Wir benutzen das *present progressive*, um zu sagen, was **im Moment** des Sprechens oder Schreibens tatsächlich passiert. Im Deutschen gibt es keine vergleichbare Verbform; wir benutzen stattdessen Ausdrücke wie „gerade", „dabei sein, etwas zu tun".

Wir verwenden das *present progressive* auch für **vorübergehende Ausnahmen**.

We ***normally*** *go out on Friday evenings,* ***but today we are staying*** *at home.*

Das *present progressive* kommt häufig mit den **Zeitangaben** *at present* (zur Zeit), *at the moment* und *now* vor.

BEACHTE Die folgenden Verben haben **keine** *progressive*-Form: *to be, to believe* (glauben), *to dislike* (nicht mögen), *to hate, to know, to like, to love, to mean* (bedeuten), *to notice* (bemerken), *to see, to seem* (scheinen), *to want, to wish* (wünschen).

Das *present perfect*

1 *Tom* ***has bought*** *a new bike. It's American.*
2 *Mr and Mrs Coe* ***have lived*** *here for over 50 years.*
3 *The bus still* ***has not/hasn't come*** *yet. It's late again.*
4 ***Have*** *you* ***seen*** *the film at the ABC yet?*
5 *I* ***have finished*** *my homework. I can come now.*
6 *Helen isn't here. She* ***has*** *just* ***gone*** *home.*

Wir bilden das *present perfect* mit dem Hilfsverb ***have/has*** + **Partizip Perfekt** (3. Form) 1 2.

Bei **regelmäßigen Verben** hat das Partizip **dieselbe Form** wie die des *simple past*, also **Infinitiv** + ***-ed*** 2 5. (↗ Schreibregeln der *-ed*-Form, S. 52 – 53)

Die **unregelmäßigen Verben** dagegen haben eine **besondere Form**, die man sich einfach merken muss 1 3 4 6. (↗ Unregelmäßige Verben, S. 110 – 112)

Die **Verneinung** wird durch das **Einfügen von** ***not/n't*** unmittelbar nach dem Hilfsverb *have/has* gebildet 3.
Um **Fragen** zu bilden, tauschen wir *have/has* und das Subjekt einfach aus 4.

Wenn wir sagen, dass etwas in der **Vergangenheit** geschehen ist, **ohne den Zeitpunkt des Geschehens zu nennen**, benutzen wir das *present perfect* **1**.

Oft benutzen wir das *present perfect* für **Handlungen bzw. Situationen**, die in der Vergangenheit angefangen haben, aber noch andauern. Sie sind also **noch nicht abgeschlossen** **2** **3** **4**.

Bei diesem Gebrauch tritt das *present perfect* oft mit den folgenden **Zeitangaben** auf:

before	(hier:) bisher	
for	seit	(**Dauer**, z. B. *for two hours*)
since	seit	(**Zeitpunkt**, z. B. *since 7 o'clock*)
already	schon	
yet	bis jetzt	
not yet	bis jetzt noch nicht	
ever	jemals	
never	bisher noch nie	
so far	bisher	
still not	immer noch nicht	
till (until) now	bis jetzt	
up to now	bis jetzt	

FEHLERQUELLE In solchen Fällen benutzen wir im Deutschen das Präsens.
*I **have lived** here for three years.*
Ich wohne hier seit drei Jahren.

Wir benutzen das *present perfect* auch, wenn wir über die **Auswirkung einer Handlung** sprechen wollen. Nur das **gegenwärtige Ergebnis** interessiert uns **5** **6**. Dieser Gebrauch des *present perfect* wird häufig durch die Zeitangabe *just* (soeben, gerade) signalisiert **6**.

BEACHTE Das *present perfect* kommt häufig in **Fragen** mit *yet* 4 und *ever* (schon einmal) sowie in **negativen Aussagen** mit *not … yet* (noch nicht) und *never* vor:
*Has Tom **ever** been to the USA?*
War Tom jemals in den USA?
*They have**n't** done their homework yet.*
Sie haben ihre Hausaufgaben noch nicht gemacht.
*I have **never** heard such a silly idea.*
Ich habe noch nie so eine dumme Idee gehört.

Das *present perfect progressive*

1 *I **have been waiting** to see the boss for nearly two hours.*
2 *Tom **has been talking** on the phone since 9 o'clock.*
3 *They **have not/n't been working** here very long.*
4 ***Have** you **been watching** TV the whole afternoon?*

Wir bilden das *present perfect progressive* mit ***have/has** + **been** +* -*ing*-**Form des Vollverbs**. (↗ Schreibweise der -*ing*-Form, S. 48)
Die **Verneinung** wird durch das Einfügen von *not/n't* unmittelbar nach dem Hilfsverb *have/has* gebildet 3.

Um **Fragen** zu bilden, tauschen wir das Hilfsverb *have/has* und das Subjekt einfach aus 4.

Wir benutzen das *present perfect progressive* für **länger andauernde**, zeitlich gestreckte **Handlungen und Situationen, die** in der Vergangenheit angefangen haben und **zum Zeitpunkt des Sprechens noch andauern**.

FEHLERQUELLE Im Deutschen benutzen wir in solchen Fällen meist das Präsens mit „schon", um zu verdeutlichen, dass die Handlung bereits länger andauert:
I have been waiting for the bus since 2 o'clock.
Ich warte schon seit 2 Uhr auf den Bus.

BEACHTE Einige Verben haben **keine** *progressive*-Form (↗ S. 49):
to be, to mean, to believe, to notice, to dislike, to see, to hate, to seem, to know, to want, to like, to wish, to love.

Die Vergangenheit
The past

Das *simple past*

1 *Our team* ***played*** *very well last Saturday.*
2 *Tom* ***bought*** *a new bike yesterday.*

Beim *simple past* unterscheiden wir zwischen **regelmäßigen** und **unregelmäßigen** Verben.

Bei den **regelmäßigen Verben** hängen wir bei allen Personen ein *-ed* an den Infinitiv an **1**.

Die **unregelmäßigen Verben** dagegen haben eine besondere Form, die man sich einfach merken muss **2**. (↗ Unregelmäßige Verben, S. 110 – 112)

Beim **Anhängen von** *-ed* gibt es folgende **Schreibregeln**:

- Ein **stummes** (= nicht ausgesprochenes) *-e* fällt weg:

bake	→	*baked*	[beɪk t]
live	→	*lived*	[lɪv d]
move	→	*moved*	[mu:v d]
phone	→	*phoned*	[fəʊn d]

- Das *-y* **nach einem Konsonanten** wird zum *-i*:

carry	→	*carried*	['kæri d]
hurry	→	*hurried*	['hʌri d]
try	→	*tried*	[traɪ d]

- Endet dagegen das Verb auf *-y* **nach einem Vokal**, bleibt das *-y* unverändert:

enjoy	→	*enjoyed*	[ɪn'dʒɔɪ d]
play	→	*played*	[pleɪ d]

- Mit Ausnahme von -x wird ein **Endkonsonant nach einem einfachen Vokal verdoppelt**:

beg	→	*begged*	[beg d]
clap	→	*clapped*	[klæp d]
fit	→	*fitted*	[fɪt ɪ d]
prefer	→	*preferred*	[prɪ'fɜː(r)d]
rob	→	*robbed*	[rɒb d]
travel	→	*travelled*	['trævl d]

3 *I **did not/didn't go** to school last week. I was ill.*
4 ***Did** you **see** that funny man?*

Ist kein Hilfsverb im Satz vorhanden, bilden wir die **Verneinung** mit *did not (didn't)* **3**.

BEACHTE Das Vollverb steht dabei immer im Infinitiv.

Für **Fragen** gilt folgendes:

- Gibt es **kein Hilfsverb** im Satz, werden Fragen ebenfalls **mit *did*** gebildet **4**.
- Bei Fragen mit ***what?*** und ***who?*** verfahren wir anders. Ist *what?* bzw. *who?* das **Subjekt** des Satzes, dann benötigen wir **kein Hilfsverb**, um Fragen zu bilden:
  What happened on your way home yesterday?
  Who taught you English last year?
- Ist aber das Fragewort das **Objekt** des Satzes, dann bilden wir Fragen **mit einem Hilfsverb**, also wie gewöhnlich:
  What did you ***watch*** on TV yesterday?
  Who did you ***invite*** to your party last Saturday?

Wir benutzen das *simple past*, um **völlig abgeschlossene Handlungen in der Vergangenheit** zu schildern.

Das *simple past* tritt häufig mit den folgenden **Zeitangaben** auf:
yesterday, the day before yesterday, the other day (neulich)
two/three/four/… days/weeks/months/… ago
last night/week/month/…
last January/spring/Christmas/…
in 1994/…
at this/that time (zu dieser/jener Zeit), *in those days* (damals)
when he was a boy, when she went to school usw.

Das *past progressive*

1 *We **were playing** football at 3 o'clock yesterday.*
2 *I **was cleaning** the house all day last Monday.*
3 *When Tom arrived they **were having** lunch.*
4 *Ben was **not/wasn't working** when I saw him.*
5 ***Were** the police **stopping** all cars?*

Wir bilden das *past progressive* mit ***was/were** + **-ing**-***Form des Vollverbs**. (↗ Schreibweise der *-ing*-Form, S. 48)

Da beim *past progressive* immer ein Hilfsverb – *was/were* – vorhanden ist, wird die **Verneinung** einfach mit *not/n't* gebildet 4.

Um **Fragen** zu bilden, tauschen wir *was/were* und das Subjekt einfach aus 5.

Möchten wir ausdrücken, dass **eine Handlung** zu einem bestimmten Zeitpunkt **1** oder während eines bestimmten Zeitraumes **2** **in der Vergangenheit im Gange** *(= in progress)* war, benutzen wir das *past progressive.*

Wollen wir verdeutlichen, dass **eine Handlung** schon im Gange war, als **ein neues Ereignis** (plötzlich) eintrat, verwenden wir ebenfalls das *past progressive* **3**.
Einige Verben haben keine *progressive*-Form (↗ S. 49).

Das *past perfect*

1 *When we arrived at the cinema the film **had started**.*
2 *By the time the police came the thieves **had driven away**.*
3 *They had **not/hadn't finished** the car when I phoned.*
4 ***Had** the train **left** when you got to the station?*

Wir bilden das *past perfect* mit ***had*** + **Partizip Perfekt** (3. Form). Die Form ist bei allen Personen die gleiche.

Bei **regelmäßigen Verben** hat das Partizip Perfekt (3. Form) dieselbe Form wie das *simple past*, also **Infinitiv** + *-ed* **1** **3**.
(↗ Schreibregeln der *-ed*-Form, S. 52 – 53)

Bei **unregelmäßigen Verben** dagegen hat das Partizip Perfekt eine besondere Form, die man sich einfach merken muss **2** **4**.
(↗ Unregelmäßige Verben, S. 110 – 112)
Die **Verneinung** wird durch das Einfügen von *not/n't* unmittelbar nach dem Hilfsverb *had* gebildet **3**.

Um **Fragen** zu bilden, tauschen wir das Hilfsverb *had* und das Subjekt einfach aus **4**.

Wir benutzen das *past perfect*, um zu verdeutlichen, dass **eine Handlung in der Vergangenheit bereits abgeschlossen war**, als eine andere Handlung anfing.
Zum Vergleich:
When we got to school lessons ***began****. (simple past)*
Als wir zur Schule kamen, begann der Unterricht.
When we got to school lessons ***had begun****. (past perfect)*
Als wir zur Schule kamen, hatte der Unterricht (bereits) begonnen.

Das *past perfect progressive*

1. ***I had been sitting*** *in the train for an hour before it left the station.*
2. *The workers* ***had been striking*** *for a month by the time they got more money.*
3. *We* ***had not/hadn't been waiting*** *long before the teacher arrived.*
4. ***Had*** *you* ***been living*** *in London long when you bought your house?*

Wir bilden das *past perfect progressive* mit ***had*** **+** ***been*** **+** ***-ing*****-Form des Vollverbs**. Die Form ist für alle Personen gleich 1 2.

Die **Verneinung** wird durch das Einfügen von *not/n't* unmittelbar nach dem Hilfsverb *had* gebildet 3.

Um **Fragen** zu bilden, tauschen wir das Hilfsverb *had* und das Subjekt einfach aus 4.

Wir benutzen das *past perfect progressive*, um zu sagen, dass eine in der Vergangenheit begonnene Handlung **bis zu einem bestimmten Zeitpunkt in der Vergangenheit** andauerte.

Das Futur
The future

Das Futur mit *will*

1 *In future good qualifications* ***will become*** *more and more important.*
2 *I'm sure the EU* ***will grow*** *closer together.*
3 *We think that Tom and Sally* ***will marry*** *soon.*
4 *Of course Britain* ***will not/won't leave*** *the EU.*
5 *Oh, dear. It's raining.* ***Will*** *you* ***lend*** *me your umbrella?*

Das Futur mit *will* bilden wir mit ***will*** **+ Infinitiv des Vollverbs.** Es hat für alle Personen die gleiche Form 1 2 3.
Die **Verneinung** wird durch das Einfügen von *not* unmittelbar nach *will* gebildet 4.

BEACHTE die **Kurzform** *won't (= will not).*

Um **Fragen** zu bilden, tauschen wir *will* und das Subjekt einfach aus 5.

Wir benutzen das *will*-Futur für
- zukünftige Situationen bzw. Ereignisse, die mit Sicherheit eintreten werden 1,
- Erwartungen, Vermutungen und Hoffnungen 2 3 4,
- spontane, vorher nicht überlegte Entscheidungen 5.

Daher tritt das Futur mit *will* mit den folgenden **einleitenden Verben** besonders häufig auf:

to believe	(glauben)
to hope	(hoffen)
to imagine	(hier: glauben)
to suppose	(vermuten)
to think	(denken)

Das Futur mit *going to*

1 *Helen* ***is going to buy*** *a new bike.*
2 *Sally and Tom* ***are going to move*** *to London soon.*
3 *Look at the sky. It* ***is going to snow****.*
4 *I* ***am not going to look for*** *a job until after my holiday.*
5 ***Are*** *you* ***going to invite*** *Helen to your party?*

Das Futur mit *going to* bilden wir mit ***am/is/are + going to* + Infinitiv des Vollverbs** 1 2 3.

BEACHTE *Going to* und der Infinitiv bleiben bei allen Personen unverändert.

Die **Verneinung** wird durch das Einfügen von *not* unmittelbar nach *am/is/are* gebildet 4.
Um **Fragen** zu bilden, tauschen wir *am/is/are* und das Subjekt einfach aus 5.

Wir benutzen das Futur mit *going to* für **zukünftige Pläne und Absichten** 1 2.
Wir verwenden das Futur mit *going to* auch für Ereignisse und **Situationen, die bald eintreten** werden. Dies ist besonders der Fall, wenn im Augenblick des Sprechens eindeutige Anzeichen dafür bereits gegeben sind 3.

Das *present progressive* mit zukünftiger Bedeutung

We ***are giving*** *a party* ***at the weekend****.*
Tom is ***not/isn't leaving*** *school* ***in July****.*
Are *you* ***going*** *to the football match* ***on Saturday****?*

Das *present progressive* mit zukünftiger Bedeutung tritt **immer mit** einem **Adverb der zukünftigen Zeit** auf.
(↗ Bildung des *present progressive*, S. 48 – 49)

In dieser Bedeutung benutzen wir das *present progressive*, um **schon entschiedene Pläne und Verabredungen** auszudrücken.

Das *simple present* mit zukünftiger Bedeutung

1 *My train* ***leaves at 3.35 pm on Sunday****.*
2 *I can't come until 4. We* ***have got*** *Sport* ***next Friday****.*
3 *Don't forget the film* ***starts at 7.30 tomorrow****.*

Das *simple present* mit zukünftiger Bedeutung tritt **immer mit** einer geeigneten **Zeitangabe** der zukünftigen Zeit auf.
(↗ Bildung des *simple present*, S. 46 – 47)
Genau wie im Deutschen benutzen wir auch im Englischen das *simple present* mit einer adverbialen Bestimmung der Zeit, um **fest terminierte** Vorgänge (Fahrpläne 1, Stundenpläne 2, Programme 3 usw.) anzugeben.

Das *future progressive*

1 *I* ***will be earning*** *more money soon.*
2 *This time next year she* ***will be visiting*** *her parents in Chicago.*
3 *In future, people* ***will not/won't be keeping*** *the same job for the whole of their working life.*
4 ***Will*** *you* ***be spending*** *all your time in the office from now on?*

Wir bilden das *future progressive* mit ***will be*** **+ *-ing*-Form des Vollverbs.** Die Form ist bei allen Personen gleich 1 2.

Die **Verneinung** wird durch das Einfügen von *not* unmittelbar nach *will* gebildet 3. Um **Fragen** zu bilden, tauschen wir *will* und das Subjekt einfach aus 4.
Wir benutzen das *future progressive* für **andauernde Situationen und Handlungen in der Zukunft** 1 – 4.

Das *future perfect*

1 *You can collect the car at 5. The mechanic **will have repaired** it by then.*
2 *I'm sorry, but can you come back in an hour? We **will not/ won't have finished** your car before 6.*
3 ***Will** Susan **have done** her exams by the end of July?*

Wir bilden das *future perfect* mit ***will have*** + **Partizip Perfekt** (3. Form). Die Form ist dieselbe für alle Personen **1**.

Bei **regelmäßigen Verben** hat das Partizip Perfekt dieselbe Form wie die des *simple past*, also Infinitiv + *-ed* **1** **2**.
(↗ Schreibregeln der *-ed*-Form, S. 52 – 53)
Die **unregelmäßigen Verben** dagegen haben eine besondere Form, die man sich einfach merken muss **3**. (↗ Unregelmäßige Verben, S. 110 – 112)

Die **Verneinung** wird durch das Einfügen von *not* unmittelbar nach *will* gebildet **2**.

BEACHTE die **Kurzform** *won't (= will not)*.

Um **Fragen** zu bilden, tauschen wir *will* und das Subjekt einfach aus **3**.
Wir benutzen das *future perfect*, wenn eine Handlung zu einem gegebenen Zeitpunkt **in der Zukunft abgeschlossen** sein wird **1** **2** **3**.

Das *future perfect* wird häufig mit bestimmten **Zeitangaben** benutzt. Dazu gehören:
by Christmas
before next July
until August
by the end of next year

Das deutsche Verb „lassen" auf Englisch

The German verb „lassen" in English

1 *Mrs Adams* ***didn't let us go*** *home early.*
2 *My dad* ***allows me to stay up*** *as long as I want.*
3 *Tom* ***made Ben finish*** *the report before lunch.*
4 *The hijacker* ***forced the pilot to land.***
5 ***I'll have the car repaired*** *immediately.*
6 ***Did*** *you* ***get the meal delivered*** *or did you cook it?*

Im Deutschen hat das Verb „lassen" mehrere Bedeutungen, die im Englischen mit verschiedenen Verben ausgedrückt werden müssen.

- Bedeutet „lassen" „zulassen" oder „erlauben", benutzen wir im Englischen die Muster:
  (not) let **+ Objekt + Infinitiv ohne** ***to*** 1 *(not* ***let*** *us go)*
  (not) allow **+ Objekt +** ***to*****-Infinitiv** 2 *(****allows*** *me* ***to*** *stay up)*
- Wird „lassen" im Sinne von „veranlassen" oder „jemanden zwingen, etwas zu tun" gebraucht, benutzen wir im Englischen:
  make **+ Objekt + Infinitiv ohne** ***to*** 3 *(****made*** *Ben finish)*
  oder verstärkt:
  force **+ Objekt +** ***to*****-Infinitiv** 4 *(****forced*** *the pilot* ***to*** *land)*
- „Lassen" in der Bedeutung von „etwas erledigen/machen lassen" wird im Englischen ausgedrückt mit:
  have **+ Objekt + Partizip Perfekt** (3. Form) 5 *(****will have*** *the car* ***repaired****).*
- In der **Umgangssprache** können wir statt *have* ***get*** benutzen 6. *(did you get … delivered)*

2.3 Modale Hilfsverben
Modal auxiliaries

Wichtige Merkmale
Important features

Möchten wir sagen, was geschehen **kann, muss, darf, soll** usw., benutzen wir ein modales **Hilfsverb** in Verbindung mit einem Vollverb.

Das **Hilfsverb** wird immer mit dem **Infinitiv des Vollverbs ohne *to*** verwendet:

*You **can go** home now.*
*You **must finish** your homework.*
*The girls **may watch** TV now.*
*Josh **should go** to the dentist's.*

FEHLERQUELLE Anders als im Deutschen steht das Hilfsverb **nie ohne Vollverb**:

*Tom **can speak** German.*
Tom kann Deutsch.
*I **must go** now.*
Ich muss jetzt weg.
***May** I **go** to the cinema?*
Darf ich ins Kino?
*You **should not do** that!*
Das solltest du nicht!

Modale Hilfsverben haben die gleiche Form bei allen Personen. Anders als bei Vollverben hat die 3. Person Singular *(he/she/it)* **keine *s*-Endung**:

***She can** play the piano very well.*
*He **must** work harder.*

Genau wie bei den Hilfsverben *be*, *have* und *do* bilden wir die **Verneinung** und **Fragen** ohne *do/does/did*:
Bob ***cannot dance****.*
Can *Lars* ***speak*** *English?*

Mit Ausnahme von *may* und *might* können wir die **Verneinung** mit ***n't*** *(not)* abkürzen:
Bob ***can't*** *(cannot) dance.*
Couldn't *you ask your teacher?*
You ***mustn't*** *(must not) eat during lessons.*
aber:
We ***may not*** *go home yet.*
They ***might not*** *come to the party.*

Wir können die modalen Hilfsverben **nur** im **Präsens** und mit **zukünftiger Bedeutung** gebrauchen:

You ***can watch*** *TV* ***now****.*	Präsens
We ***can visit*** *you* ***next Friday****.*	Zukunft
I ***must do*** *my homework* ***now****.*	Präsens
I ***must wash*** *the car* ***tomorrow****.*	Zukunft
Mr Grey says we ***may go*** *home* ***now****.*	Präsens
Sally ***may go*** *to the USA* ***next summer****.*	Zukunft
You ***should clean*** *your teeth* ***twice a day****.*	Präsens
They ***should arrive*** *home* ***next Saturday****.*	Zukunft

BEACHTE Möchten wir ein modales Hilfsverb z. B. in der **Vergangenheit** *(past)* benutzen, müssen wir ein geeignetes **Ersatzverb** *(substitute)* einsetzen:
I ***had to walk*** *to school this morning.*
We ***weren't allowed to watch*** *TV yesterday.*
Josh ***wasn't able to play*** *football last Saturday.*

Übersicht der modalen Hilfsverben nach Gebrauch

Review of modal auxiliaries by use

Gebrauch	Modale Hilfsverben
Fähigkeit *(ability)*	*Tom* ***can*** *swim.* Tom kann schwimmen.
Möglichkeit *(possibility)*	*It* ***may/might/could*** *rain later.* Nachher könnte es regnen.
Bitte *(request)*	***Can/May*** *I open a window?* Kann/Darf ich ein Fenster öffnen?
Erlaubnis *(permission)*	*You* ***can/may*** *watch TV now.* Jetzt kannst/darfst du fernsehen.
Verbot *(ban)*	*You* ***mustn't*** *be late.* Du darfst nicht zu spät sein.
Pflicht *(obligation)*	*You* ***must*** *learn these words.* Du musst diese Wörter lernen.
Wahl *(option)*	*You* ***needn't*** *make the beds.* Du musst nicht die Betten machen.
Empfehlung *(recommendation)*	*You* ***should/ought to/must*** *see a doctor.* Du solltest/musst einen Arzt aufsuchen.

Der Gebrauch im Einzelnen

Use in detail

Can/could, be able to, be allowed to

1 *Helen* ***can drive*** *a car.*
2 *You* ***can watch*** *the late movie.*
3 ***Can I close*** *the window, please?*

Wie bei dem deutschen Modalverb „können“, benutzen wir *can*, um **Fähigkeit** 1, **Erlaubnis** 2 und **Bitten** 3 auszudrücken.

Möchten wir eine **Möglichkeit** ausdrücken, benutzen wir (neben anderen Formulierungen) *could*.
Be careful. You ***could fall.***

Sprechen wir über eine **Fähigkeit** in der **Vergangenheit**, benutzen wir ebenfalls *could*.
Tom ***could speak*** *German when he was 6.*

Möchten wir jedoch eine **Erlaubnis** in der **Vergangenheit** ausdrücken, benutzen wir das **Ersatzverb** *was/were allowed to*.
We ***were allowed to watch*** *the late movie yesterday.*

4 *I* ***can't come*** *before 10 tomorrow.*
5 *I* ***won't be able to come*** *before 10 tomorrow.*
6 ***Can*** *we* ***go*** *home early next Friday?*
7 ***Will*** *we* ***be allowed to go*** *home early next Friday?*

Um über etwas in der **Zukunft** zu sprechen, können wir entweder benutzen:

- *can* mit zukünftiger Bedeutung 4 6 oder die Ersatzverben
- *will be able to* (Fähigkeit) 5 und
- *will be allowed to* (Erlaubnis) 7.
  Die Verben *be able to* und *be allowed to* können auch in der Gegenwart und der Vergangenheit benutzt werden.

Must/have to, needn't/not have to, mustn't

1 *You* ***must give back*** *books after 14 days.*
2 *People* ***must protect*** *nature.*
3 *You* ***must be*** *mad to drink and drive.*
4 *We* ***needn't*** *go to school today.*
5 *You* ***mustn't drive*** *faster than 30 kph here.*
6 *Helen* ***must have to go*** *to the dentist's soon.*
Helen ***will have to go*** *to the dentist's soon.*
7 *I* ***had to go*** *home early yesterday.*

	Gebrauch	Deutsche Bedeutung
must	*Zwang* 1 *bzw. dringende Notwendigkeit* 2, *Schlussfolgerung* 3	*müssen*
needn't	*kein Zwang bzw. keine Notwendigkeit* 4	*nicht brauchen, nicht müssen*
mustn't	*Verbot* 5	*nicht dürfen*

Wir benutzen das Modalverb *must* nur im Präsens.
Möchten wir über die **Zukunft** reden, können wir entweder *must* mit zukünftiger Bedeutung oder das Ersatzverb *will have to* benutzen 6.
Wollen wir über die **Vergangenheit** reden, verwenden wir das Ersatzverb *had to* 7.

FEHLERQUELLE Die **Verneinung** von *must* ist ***needn't*** (wird also auf keinen Fall mit *must* gebildet).

Wir können das Problem mit *must* bzw. *needn't* sehr leicht vermeiden, indem wir immer *have to* bzw. *not have to* benutzen:
*I **must/have to go** to the dentist's.*
*You **needn't/don't have to do** this exercise.*

May, might

1 *A lot of people **may lose** their jobs.*
2 *You **may see** the doctor now.*
3 ***May** I **speak** to Mr Adams, please?*
4 *We **might see** each other on Saturday.*
5 ***Might** I **have** another cup of tea, please?*

Wir benutzen *may*, um **Möglichkeit** 1, **Erlaubnis** 2 und **höfliche Bitten** 3 auszudrücken.

Wollen wir eine **entferntere Möglichkeit** 4 oder eine **extrem höfliche Bitte** 5 ausdrücken, können wir *might* benutzen.

Should, ought to

1 *You **should stop/ought to stop** smoking, Tom.*
2 *We **should visit/ought to visit** old Mr Coe today.*
3 *You **must work** harder, Brenda.*

Die Modalverben *should* und *ought to* entsprechen dem deutschen Modalverb „sollten".

Should und *ought to* haben die gleiche Bedeutung. Wir benutzen sie, um eine **Empfehlung** auszudrücken 1 2.
Wollen wir einer Empfehlung **zusätzlichen Nachdruck** verleihen, können wir ***must*** statt *should/ought to* verwenden 3.

2.4 Das Passiv

The passive

Die Zeitformen des Passivs

Form of passive tenses

1 *English **is spoken** all over the world.*
2 *This church **was built** in the 9th century.*
3 *The post **has not/hasn't been delivered** yet.*
4 ***Was** your computer **made** in the USA?*
5 *The bike **must be returned** by 6 o'clock.*

Is spoken, was built, has not been delivered usw. sind Formen des Passivs.
Wir bilden das Passiv mit einer **Form von *be* und dem Partizip Perfekt** (3. Form).

Zeit	Form von *be*	+ Partizip
simple present 1	*am/is/are*	*played*
present progressive	*am/is/are being*	*taught*
simple past 2 4	*was/were*	*stolen*
past progressive	*was/were being*	*decorated*
present perfect 3	*have/has been*	*lost*
past perfect	*had been*	*repaired*
***will*-Futur**	*will be*	*opened*
***going to*-Futur**	*am/is/are going to be*	*sent*

Da beim Passiv immer ein Hilfsverb (eine Form von *be*) vorhanden ist, wird die **Verneinung** mit *not/n't* 3 gebildet.
Fragen werden durch die Umstellung von Subjekt und Hilfsverb gebildet 4.

Mit **modalen Hilfsverben** 5 werden Passivsätze so gebildet:

Subjekt	Modalverb	*be*	Partizip	andere Teile
The bike	*must*	*be*	*returned*	*by 6.*
Drinks	*can*	*be*	*bought*	*at the kiosk.*
Cars	*should not*	*be*	*parked*	*here.*

Nach dem modalen Hilfsverb folgen der **Infinitiv von *be* (ohne *to*!)** und das **Partizip Perfekt** (3. Form) des Vollverbs.

Der Gebrauch des Passivs

Use of the passive

1 *The drugs **were found** in a London flat.*
2 *Police said they **had been imported** from Holland.*

Ist der **Verursacher einer Handlung unbekannt oder zweitrangig**, benutzen wir das Passiv. Die **Tat** – nicht also der Täter – steht im Vordergrund.

BEACHTE Das Passiv kommt viel häufiger im Englischen als im Deutschen vor. Oft benutzen wir im Deutschen das Aktiv mit „man", wenn im Englischen das Passiv verwendet wird:
Valuables ***can be given in*** *at the reception desk.*
Man kann Wertsachen an der Rezeption **abgeben**.

Das *by-agent*

2

1 *Tom Sawyer was written* ***by Mark Twain****.*
2 *The first rocket was built* ***by German scientists*** *in 1944.*
3 *The fire was caused* ***by a cigarette****.*

Wollen wir den **Verursacher** eines Vorganges in einem Passivsatz angeben, benutzen wir einen ***by-agent***.
In der Regel wird der *by-agent* eine namentlich erwähnte **Person** 1 bzw. **Gruppe** 2 sein oder die **sachliche Ursache** des Vorganges darstellen 3.

FEHLERQUELLE Der „Agent" wird immer mit *by* – **auf keinen Fall** mit *from* – gebildet.

Verben mit zwei Objekten

Verbs with two objects

1	*He sent* ***her a postcard****.*	(Aktiv)
2	***She*** *was sent* ***a postcard****.*	(Passiv)

In Satz 1 hat das Verb *sent* zwei Objekte, ein **direktes Objekt** („wen oder was?") – *a postcard* – und ein **indirektes Objekt** („wem oder was?") – *her*.

Ist der Verursacher unbekannt bzw. nicht so wichtig oder soll das indirekte Objekt betont werden, können wir einen Passivsatz bilden 2.

Dies erfolgt, indem das **indirekte Objekt** des Aktivsatzes *(her)* zum **Subjekt** des Passivsatzes *(she)* wird. Das **direkte Objekt** *(a postcard)* bleibt dabei als einziges Objekt des neuen Satzes erhalten.

BEACHTE Verben, die oft **zwei Objekte** haben, sind: *to ask*, *to give*, *to offer* (anbieten), *to promise* (versprechen), *to send*, *to show* (zeigen), *to tell* (erzählen, mitteilen).

Das unpersönliche Passiv

The impersonal passive

> ***It is said that** Britain might leave the EU.*
> ***It is claimed that** two people died in the accident.*
> ***It is rumoured that** the school will be closed.*

Das Satzmuster ***It is/was/has been*** **+ Partizip Perfekt +** ***that …*** nennen wir das unpersönliche Passiv.

Wir benutzen das unpersönliche Passiv mit **Verben des Sagens und Denkens** wie *to believe* (glauben), *to claim* (behaupten), *to expect* (erwarten), *to fear* (befürchten), *to know*, *to report*, *to rumour* (munkeln), *to say* und *to think*.

Will der Sprecher sich möglichst **neutral und unbeteiligt** ausdrücken, kann er das unpersönliche Passiv verwenden. Daher kommt diese Struktur häufig in **Berichten** und **Gutachten** vor.

2.5 Der Infinitiv und die *-ing*-Form (Gerundium)

The infinitive and the -ing-form (gerund)

Der Infinitiv und die *-ing*-Form nach bestimmten Verben

The infinitive and the -ing-form after certain verbs

1 *Tom and Helen **hope to go** on holiday soon.*
2 *I'll **try to phone** you at the weekend.*
3 *I **enjoy cycling** and **walking** very much.*
4 *Do you really **like watching** TV?*

2

Häufig benutzen wir ein Verb – z. B. *hope* 1, *try* 2, *enjoy* 3 und *like* 4 – in Kombination mit anderen Verben.
Im Deutschen ist dies problemlos, da wir immer den Infinitiv verwenden:
Ben plans to go to university.
Ben beabsichtigt, die Universität **zu besuchen**.
Some people avoid paying tax altogether.
Einige Leute vermeiden, Steuern überhaupt **zu zahlen**.

Im Englischen dagegen benötigt eine Gruppe von Verben den **Infinitiv mit *to*** 1 2 und eine andere Gruppe die *-ing*-**Form** (**Gerundium**) 3 4.

BEACHTE Leider gibt es **keine Regel**, die die beiden Verbgruppen auf Anhieb bestimmt. Daher bleibt dir nichts anderes übrig, als die Listen auf der nächsten Seite auswendig zu lernen.

Verb + Infinitiv mit *to*		
afford	*I can't afford to buy a car.*	sich leisten
choose	*Jenny chose to stay single.*	wählen
decide	*I have decided to take the job.*	entscheiden
expect	*I expect to see Tom tonight.*	erwarten
hope	*Ben hopes to marry soon.*	hoffen
intend	*We intend to have children.*	beabsichtigen
mean	*I mean to find a job now.*	etwas vorhaben
plan	*We plan to go away in July.*	planen
promise	*Please promise to be careful.*	versprechen
refuse	*I refuse to work on Sundays.*	verweigern
try	*Try to be home by 10.*	versuchen
want	*They want to move to York.*	wollen

Verb + *-ing*-Form (Gerundium = gerund)		
admit	*He admits stealing the money.*	zugeben
avoid	*Ann avoids meeting Ben now.*	vermeiden
consider	*Ann considered moving away.*	sich überlegen
delay	*Tom delayed seeing a doctor.*	verschieben
deny	*Fred denied taking the money.*	verneinen
dislike	*I dislike driving.*	nicht mögen
enjoy	*We enjoy going to the theatre.*	genießen
finish	*Let me finish cooking supper.*	beenden
hate	*We hate playing cards.*	hassen
imagine	*Imagine winning $1 million!*	sich vorstellen
keep	*He keeps shouting at his dog.*	etwas dauernd tun
like	*They like listening to music.*	mögen
love	*I love sitting in the garden.*	sehr mögen
mention	*Did Ann mention seeing me?*	erwähnen
mind	*Do you mind waiting?*	etw. dagegen haben
miss	*We missed seeing that film.*	versäumen
practise	*He often practises singing.*	üben
prefer	*Ben prefers getting up early.*	vorziehen
risk	*Don't risk losing the match.*	riskieren
suggest	*I suggest selling the house.*	vorschlagen

Der Infinitiv oder die *-ing*-Form je nach Bedeutung

The infinitive or the -ing-form according to meaning

Bestimmte Verben können **je nach Bedeutung** mit der ***-ing*-Form** (Gerundium) oder mit ***to*-Infinitiv** verwendet werden.

Bei ***forget*** (vergessen), ***regret*** (bedauern) und ***remember*** (sich erinnern) hat die unterschiedliche Bedeutung mit der Zeit der Äußerung zu tun. Bezieht sich der Satz auf die **Vergangenheit**, verwenden wir die drei Verben mit der ***-ing*-Form** 1 3 5. Handelt es sich dagegen um die **Gegenwart** oder die **Zukunft**, steht das nachfolgende Verb im **Infinitiv** 2 4 6.

2

1. *I'll never **forget meeting** my wife for the first time.*
   Ich werde nie vergessen, wie ich meine Frau zum ersten Mal getroffen habe.
2. *Don't **forget to go** to the bank, please.*
   Vergiss bitte nicht, zur Bank zu gehen.
3. *We **regret selling** the house but we need the money.*
   Wir bedauern, unser Haus verkauft zu haben, aber wir brauchen das Geld.
4. *I **regret to tell** you that your dog died last night.*
   Leider muss ich Ihnen mitteilen, dass Ihr Hund letzte Nacht gestorben ist.
5. *Do you **remember visiting** Bayeux in 1987?*
   Erinnerst du dich, wie wir 1987 Bayeux besuchten?
6. ***Remember to buy** some milk, okay?*
   Denk daran, Milch zu kaufen, ja?

1 *Ted must **stop smoking** or he'll be ill.*
Ted muss aufhören zu rauchen, sonst wird er krank.

2 *We **stopped to get** some petrol in Venlo.*
Wir hielten an, um in Venlo zu tanken.

3 *Why don't you **try asking** for help?*
Warum probierst du nicht mal, um Hilfe zu bitten?

4 *I **tried to ring** but my mobile was broken.*
Ich versuchte anzurufen, aber mein Handy war kaputt.

5 *If we don't go shopping, it **will mean eating** out.*
Kaufen wir nicht ein, müssen wir essen gehen.

6 *I **mean to speak** to Mr Davis about my mark.*
Ich bin fest dazu entschlossen, Mr Davis auf meine Note anzusprechen.

Bedeutet *stop* „aufhören, etwas zu tun", steht das angeschlossene Verb in der *-ing*-**Form** (Gerundium) 1.

Wenn *stop* „kurz anhalten, um etwas anderes zu tun" bedeutet, dann folgt ein Verb im **Infinitiv** 2.

Bedeutet *try* „ein Versuch, etwas Neues zu tun", steht das angeschlossene Verb in der *-ing*-**Form** (Gerundium) 3.

Bedeutet *try* „ein vergeblicher Versuch, etwas zu tun", dann folgt ein Verb im **Infinitiv** 4.

Bedeutet *mean* „das bedeutet, dass etwas anders getan werden muss", steht das angeschlossene Verb in der *-ing*-**Form** (Gerundium) 5.

Bedeutet *mean* „zu beabsichtigen, etwas sicherlich zu tun", dann folgt ein Verb im **Infinitiv** 6.

Die *-ing*-Form nach Präpositionen

The -ing-form after prepositions

Wir benutzen **immer** die *-ing*-**Form (Gerundium) nach Präpositionen**. Diese Regel gilt nicht nur für Präpositionen, die alleine stehen **1**, sondern auch für **Zusammensetzungen** aus Verben **2** / Nomen **3** / Adjektiv **4** + Präposition:

1 *I joined Greenpeace* ***after seeing*** *a report on TV.*
2 *We're* ***looking forward to going*** *on holiday.*
3 *I don't like* ***the idea of changing*** *my job.*
4 *Are you* ***interested in learning*** *German?*

2

FEHLERQUELLE Ist *to* Teil des Infinitivs (*to go, to play, to laugh* usw.), ist es keine Präposition. Daher:
Please try ***to finish*** *the job by Monday.*

Die *-ing*-Form nach bestimmten Redewendungen

The -ing-form after certain idioms

1 ***It's no good asking*** *again. The answer's No!*
2 ***How about eating*** *at a restaurant tonight?*

Einige feste Redewendungen benötigen immer die *-ing*-Form (Gerundium), z. B. *It's no good …* (es hat keinen Zweck) **1** und *How about …?* (wie wäre es mit …?) **2**.

Wichtige Wendungen dieser Art sind:

It's no good *waiting any longer.*
It's no use *repairing this camera.*
It's worth *seeing that film.*
It's not worth *saving nowadays.*
How about *inviting Janet to our party?*
What about *going out for a beer?*
Fred is stupid ***as well as*** *being lazy.*
Do something useful, ***like*** *feeding the dog.*
Can you do something to help, ***such as*** *opening the wine?*
I can't help *feeling that you are too strict with the children.*

2.6 Das Partizip
Participles

Die Formen des Partizips
Forms of the participle

1 *The girl **standing** over there at the bus-stop is our neighbour.*
2 *Carr & Co is the firm **bought** by the Japanese last year.*

Das Partizip hat **zwei Formen**: das **Partizip Präsens** *(present participle)* 1 und das **Partizip Perfekt** *(perfect participle)* 2.

Das **Partizip Präsens** wird durch Anhängen von *-ing* gebildet (↗ Schreibregeln der *ing*-Form, S. 48).

Das **Partizip Perfekt** (3. Form) wird bei regelmäßigen Verben durch Anhängen von *-ed* gebildet (↗ Schreibregeln, S. 52 – 53); unregelmäßige Verben haben eine besondere Form, die man sich einfach merken muss (↗ Unregelmäßige Verben S. 110 – 111).

Das Partizip Präsens nach Verben der Bewegung und der Ruhe
The present participle after verbs of motion and rest

1 *The car **came racing** down the road.*
2 *The boys **ran shouting** out of the classroom.*
3 *Ben **goes fishing** every weekend.*
4 *We **sat talking** all night.*
5 *Helen **stood waiting** for the bus.*
6 *Tom **lay reading** on his bed.*

Came, *ran* und *goes* sind Verben der Bewegung 1 – 3; *sat*, *stood*, *lay* sind Verben der Ruhe 4 – 6. Nach solchen Verben benutzen wir das **Partizip Präsens**, um auszudrücken, dass eine **zweite Handlung** (*racing* 1, *shouting* 2, *fishing* 3 usw.) **gleichzeitig** passiert.

Wir benutzen das **Partizip Präsens** auch nach dem Verb ***spend*** **+ einem Zeitausdruck** (*expression of time*) im Sinne von „Zeit verbringen".

*We **spend hours walking** the dog.*

Partizipien zur Verkürzung von notwendigen Relativsätzen

Using participles to shorten defining relative clauses

1 *The woman **who is sitting** at the bar is my wife.*
*The woman **sitting** at the bar is my wife.*

2 *This is a firm **which is investing** in new technology.*
*This is a firm **investing** in new technology.*

3 *The man **that was arrested** by the police has escaped.*
*The man **arrested** by the police has escaped.*

4 *That is the house **that was damaged** in the storm.*
*That is the house **damaged** in the storm.*

Ist das **Subjekt** eines Relativsatzes auch das Subjekt des Hauptsatzes 1 – 4, können wir notwendige Relativsätze mithilfe eines Partizips verkürzen. (↗ Der Relativsatz, S. 83)

Bei **Aktivsätzen** 1 2 benutzen wir das **Partizip Präsens**, also die *-ing*-Form.
Bei **Passivsätzen** 3 4 dagegen benutzen wir das **Partizip Perfekt** (3. Form). (↗ Das Passiv, S. 67 – 70)

Partizipien zur Verkürzung von Adverbialsätzen

Using participles to shorten adverbial clauses

1 ***After we had got home****, we watched a video.*
After getting home*, we watched a video.*
2 ***Because he missed his bus****, Tom arrived late.*
Missing his bus*, Tom arrived late.*
3 *I saw an accident* ***when I was travelling to work****.*
I saw an accident ***when travelling to work****.*
4 ***When dogs are treated well****, they behave well.*
When treated well, dogs *behave well.*
5 ***If these two chemicals are mixed****, they explode.*
If mixed, these two chemicals *explode.*

Genau wie bei der Verkürzung von Relativsätzen (↗ S. 68) ist es nur dann möglich, Adverbialsätze zu verkürzen, wenn **das gleiche Subjekt** im Haupt- und Nebensatz vorkommt.

Bei **Aktivsätzen** 1 2 3 benutzen wir das **Partizip Präsens** (*-ing*-Form).
Bei **Passivsätzen** 4 5 dagegen benutzen wir das **Partizip Perfekt** (3. Form).

Diese Art Verkürzung (also das Ersetzen von Nebensätzen durch Partizipien) kommt besonders häufig in knappen Medienberichten, technischen Beschreibungen usw. vor:

The body ***which has been identified*** *as John Mason was found by a woman* ***who was taking*** *her dog for a walk.*
The body ***identified*** *as John Mason was found by a woman* ***taking*** *her dog for a walk.*

After you have installed *the program, reboot the computer.*
After installing *the program, reboot the computer.*

Teste dein Wissen!

Kapitel „Das Verb“	O.K. ✓	Das muss ich noch mal lesen
Ich kann *be*, *have* und *do* als Hilfsverben und Vollverben richtig anwenden.		S. 40–45, 47
Ich kann verneinte Aussagen und Fragen mit *do/does/did* richtig bilden.		S. 43–46, 53
Ich kann das *simple present* und das *present progressive* richtig bilden und anwenden.		S. 46, 48, 49
Ich kann das *simple past* und das *past progressive* richtig bilden und anwenden.		S. 52–55
Ich kann unterscheiden zwischen dem *present perfect* einerseits und dem *simple present* bzw. *simple past* andererseits.		S. 46, 49, 52
Ich kann das *present perfect progressive* richtig gebrauchen.		S. 51, 52
Ich kann die unterschiedlichen Formen der Zukunft zuordnen und kann sie auch richtig anwenden.		S. 57–60
Ich kann Beispiele für modale Ersatzverben nennen.		S. 64
Ich kann die Passivzeiten richtig bilden und anwenden.		S. 67–70
Ich kann die *-ing*-Form oder den Infinitiv nach gewissen Verben je nach Bedeutung erklären und anwenden.		S. 73
Ich kann die Partizipien richtig bilden und anwenden.		S. 76–78

3 Satzgefüge

3.1 Der *if*-Satz

If-sentences

Allgemeine Hinweise

1 ***If it rains***, *we will stay at home.*
We will stay at home ***if it rains***.

2 *We* ***won't have*** *a picnic if it rains.*

Ein *if*-Satz besteht aus zwei Teilen: einem ***if*-Teil** und einem **Hauptteil**. Der ***if*-Teil** drückt eine **Bedingung** aus, der **Hauptteil** eine **Folge** 1.

Der *if*-Teil kann vor oder nach dem Hauptteil stehen. Steht der ***if*-Teil** an erster Stelle, wird er von dem **Hauptteil** durch ein **Komma** (,) getrennt 1.

Je nach Sinn können wir den *if*-Teil, den Hauptteil 2 oder beide Teile eines *if*-Satzes **verneinen**:

If I ***don't get*** *the job, I will move to York.*
Wenn ich die Stelle nicht bekomme, ziehe ich nach York um.
If I get the job, ***I won't move*** *to York.*
Wenn ich die Stelle bekomme, ziehe ich nicht nach York um.
If I ***don't get*** *the job, I* ***won't move*** *to York.*
Wenn ich die Stelle nicht bekomme, ziehe ich nicht nach York um.

Bei **Fragen** können wir nur den **Hauptteil** als Frage bilden. Dann steht der Hauptteil an erster Stelle.
Will *we* ***have*** *a picnic if it rains?*

3 *If it doesn't rain, we* ***can have*** *a picnic.*
4 *We* ***may have*** *a picnic if it doesn't rain.*
5 *If it is dry, you* ***should give*** *the plants some water.*

Je nach Sinn können wir andere **modale Hilfsverben im Hauptteil** verwenden 3 4 5.

Die Zeitenfolge in *if*-Sätzen

Tense patterns in if-sentences

3

1 *If you* ***work*** *hard, you* ***will pass*** *the test.*
2 *If you* ***worked*** *harder, you* ***would pass*** *the test.*
3 *If you* ***had worked*** *harder, you* ***would have passed*** *the test.*

Es gibt **drei Typen** von *if*-Sätzen, die unterschiedliche Zeitenfolgen haben:

	if-Satz	**Hauptsatz**
Typ I	*if* + *simple present* +	*will*-Futur / *can* / *may* 1
Typ II	*if* + *simple past* +	*would* / *could* / *might* + Infinitiv 2
Typ III	*if* + *past perfect* +	*would have* / *could have* / *might have* + Partizip Perfekt 3

FEHLERQUELLE Weitaus die meisten Fehler werden dadurch verursacht, dass die Zeitenfolgen nicht eingehalten werden. Wichtig ist vor allem, dass ***will*** **und** ***would*** **nie im** ***if*****-Teil** stehen.

Der Gebrauch von *if*-Sätzen
Use of if-sentences

1 *If you* ***give*** *me £10, I* ***will/can/may buy*** *a CD.*
Wenn du mir £10 gibst, werde ich/kann ich eine CD kaufen/ kaufe ich vielleicht eine CD.

2 *If you* ***gave*** *me £10, I* ***would/could/might*** *buy a CD.*
Wenn du mir £10 gäbest, würde ich/könnte ich/würde ich vielleicht eine CD kaufen.

3 *If you* ***had given*** *me £10, I* ***would/could/might have bought*** *a CD.*
Wenn du mir £10 gegeben hättest, hätte ich eine CD gekauft/ hätte ich eine CD kaufen können/hätte ich vielleicht eine CD gekauft.

Die drei Typen von *if*-Sätzen (↗ S. 81) unterscheiden sich gemäß der **Wahrscheinlichkeit der zu erwartenden Folge**:

- Typ I Die Folge ist *sicher* bzw. sehr wahrscheinlich **1**.
- Typ II Die Folge ist *möglich*, aber unwahrscheinlich **2**.
- Typ III Die Folge ist *unmöglich*, da wir das Ergebnis schon kennen **3**.

BEACHTE Die Sätze der Typen I und II beziehen sich immer nur auf die Gegenwart oder auf die Zukunft. Dies kann besonders bei Sätzen des Typs II für Verwirrung sorgen, da das Verb im *if*-Satz im *simple past* steht.
If you ***worked*** *harder, you would pass the test.*

In diesem Fall entspricht diese Zeit jedoch nicht der Vergangenheit, sondern dem deutschen Konjunktiv *(subjunctive)*:
Wenn du (jetzt) härter arbeiten würdest …

3.2 Der Relativsatz

Relative clauses

Relativsätze mit Relativpronomen

Relative clauses with a relative pronoun

1. *The girl* ***who spoke to me*** *is called Helen.*
2. *This is the house* ***which we want to buy****.*
3. *The boy* ***that won the match*** *goes to our school.*
4. *The bike* ***that was stolen*** *belongs to my sister.*

Ein Relativsatz ist ein **Nebensatz**, der durch ein **Relativpronomen** – *who, which, whose* – eingeleitet wird.

Wir benutzen Relativsätze, um einen Teil des Hauptsatzes durch zusätzliche Informationen genauer zu bestimmen.

> *This is* ***the painting*** *from Spain* ***which*** *my mother bought recently.*

Für Personen benutzen wir das Relativpronomen ***who*** 1 und **für Dinge** ***which*** 2.
Statt *who* und *which* können wir auch ***that*** **für Personen** 3 **und Dinge** 4 einsetzen.

Relativsätze mit *whose*

1. *Is Tom the man* ***whose mother lives in the USA****?*
2. *Sally is the girl* ***whose brother once played for Manchester United****.*
3. *This is the house* ***whose owner died last week****.*
4. *Are these the letters* ***whose addresses are wrong****?*

Um **Besitz/Zugehörigkeit** anzuzeigen, benutzen wir das Relativpronomen *whose* unmittelbar vor einem Nomen. Wir benutzen *whose* für Personen 1 2 und Dinge 3 4.

Relativsätze ohne Relativpronomen

Contact clauses

1 *The car* ***which/that caused the accident*** *is brand new.*
2 *The house* ***we bought*** *is 350 years old.*

Ist das **Subjekt** im Hauptsatz und im Relativsatz dasselbe, benötigen wir ein Relativpronomen 1.
Ist dagegen das Subjekt des Hauptsatzes *(the house)* ein anderes als das Subjekt des Relativsatzes *(we)* 2, dann können wir das Relativpronomen weglassen.
Relativsätze **ohne zwingende Relativpronomen** nennen wir *contact clauses*. Im modernen Englisch lassen wir bei solchen Sätzen das Relativpronomen möglichst weg.

Relativsätze mit Präpositionen

Relative clauses with prepositions

1 *Helen is the girl* ***(that) I work with*** *every Saturday.*
2 *Is this the tree Ben* ***ran into*** *with his car?*
3 *The CD* ***which*** *Pat* ***was listening to*** *belongs to me.*
4 *Was that the man who you* ***were talking to*** *just now?*
5 *The woman* ***to whom*** *I was talking is my sister.*

Kommt eine **Präposition** in einem Relativsatz vor, steht sie – genau wie bei einem Hauptsatz – normalerweise **nach dem Verb** 1 – 4.
Wird der Relativsatz mit *that* eingeleitet 1 oder ohne ein Relativpronomen gebildet 2, muss die Präposition **nachgestellt** werden.

Bei Relativsätzen mit *which* 3 und *who* 4 kann die Präposition vor dem Pronomen stehen. Aus *who* wird dann *whom* 5. Solche Sätze wirken jedoch sehr formell.

Notwendige und nicht notwendige Relativsätze

Defining and non-defining relative clauses

1 *The man **who was arrested** had stolen a car.*
2 *The car **which was stolen** belongs to my boss.*
3 *A woman, **who was out with her dog**, called the police.*
4 *The computer, **which was made in Japan**, works very fast.*

In den ersten beiden Sätzen benötigen wir die Relativsätze *who was arrested* 1 und *which was stolen* 2, um die Sätze als Ganzes zu verstehen. Die Relativsätze machen notwendige Angaben über die Person oder die Sache, um die es im Hauptsatz geht. Daher werden solche unentbehrlichen Relativsätze **„notwendige Relativsätze"** *(defining relative clauses)* genannt.

BEACHTE **Notwendige Relativsätze** werden immer **ohne trennende Kommas** benutzt.

In den letzten beiden Sätzen schildern die Relativsätze *who was out with her dog* 3 und *which was made in Japan* 4 Nebensächlichkeiten. Lassen wir die Relativsätze weg, können wir die Hauptsätze *A woman called the police* 3 und *The computer works very fast* 4 immer noch gut verstehen. Daher werden diese Relativsätze als **„nicht notwendig"** *(non-defining)* bezeichnet.

BEACHTE **Nicht notwendige Relativsätze** werden immer **durch Kommas** vom Hauptsatz **abgetrennt**.

3.3 Die indirekte Rede

Reported speech

Aussagen

Statements

Wollen wir einem Dritten berichten, was während eines Gespräches gesagt oder was geschrieben wurde, benutzen wir die indirekte Rede.

Wir benutzen dabei ein **einleitendes Verb** wie *say*, *tell*, *answer*, *think* usw., um zu zeigen, dass wir berichten. Die Anführungszeichen entfallen.

1 *Tom: "I **went** to the dentist's **yesterday**."*
2 *Tom **says** (that) **he went** to the dentist's **the day before**.*
3 *Tom **told us** (that) **he had gone** to the dentist's **the day before**.*

Um das ursprüngliche Gespräch inhaltlich präzise wiederzugeben, müssen wir in der indirekten Rede einige Formulierungen ändern. Bei diesen Änderungen handelt es sich um **Zeitangaben**, **Ortsangaben** und natürlich um die beteiligten bzw. erwähnten **Personen**.

Steht das **einleitende Verb im Präsens**, bleiben die Zeiten des ursprünglichen Gespräches unverändert 2.
Steht das **einleitende Verb in der Vergangenheit**, verschieben sich die Zeiten 3.

4 *Helen: "I **am** married but I **haven't** any children."*
5 *Helen **answered** (that) **she is** married but **she hasn't** any children.*

Handelt es sich um **eine fortbestehende Situation**, entfällt die Zeitverschiebung 5.

Verschiebung der Zeiten

Direkte Rede		**Indirekte Rede**	
Vollverben			
simple present	*play, plays*	*simple past*	*played*
present progressive	*am/is/are playing*	*past progressive*	*was/were playing*
simple past	*played*	*past perfect*	*had played*
past progressive	*was/were playing*	*past perfect progressive*	*had been playing*
present perfect	*have/has played*	*past perfect*	*had played*
present perfect progressive	*have/has been playing*	*past perfect progressive*	*had been playing*
past perfect	*had played*	(keine Änderung)	*had played*
Hilfsverben			
will-future	*will play*	*would* + Infinitiv	*would play*
am/is/are going to	*am/is/are going to play*	*was/were going to* + Infinitiv	*was/were going to play*
would	*would play*	*would have* + Partizip Perfekt (3. Form)	*would have played*
would have	*would have played*	(keine Änderung)	*would have played*
Modale Hilfsverben			
can	*can play*	*could*	*could play*
may	*may play*	*might*	*might play*
must	*must play*	*had to*	*had to play*
should	*should play*	*should have* + Partizip Perfekt	*should have played*

Verschiebung der Zeit- und Ortsangaben

Ähnlich wie im Deutschen ändern sich die Zeitangaben und Ortsangaben nur, wenn sie sich bis zum Zeitpunkt der Wiedergabe (indirekten Rede) auch verändert haben.

"I met him today."

She said she had met him ***today****. (am gleichen Tag)*
She said she had met him ***on that day****. (Wiedergabe an einem folgenden Tag)*

Direkte Rede	Indirekte Rede
today	*on that day*
tomorrow	*the next day*
yesterday	*the day before*
the day after tomorrow	*two days later*
the day before yesterday	*two days before*
last week/…	*the week before/…*
next week/…	*the following week/…*
two/… days/… ago	*two/… days/… before*
now	*then, at that moment*
at the moment	*at that moment*
here	*there*
this	*that*
these	*those*

Verschiebung bei Personen

Pronomen müssen ebenfalls oft durch Nomen oder andere Pronomen ersetzt werden, damit der Inhalt verständlich ist.

*Tom: "**I** am going home now."*
*Tom said **he** was going home then.*

*Helen: "**I** have just telephoned **him**."*
*Helen said **she** had just telephoned **Ben Snow**.*

*Helen/Tom: "**We** are playing cards tonight."*
*Helen and Tom said **they** were playing cards that night.*

*Helen: "**I**'m doing **it** now, **Tom**."*
*Helen told **Tom she** was doing **the report** at that moment.*

Fragen

Questions

1 *Helen: "**Where** is Tom?"*
*Helen asked **where** Tom was.*

2 *Tom: "**How much** did the wine cost?"*
*Tom wanted to know **how much** the wine had cost.*

3 *Ben: "**Have you worked** here long, Helen?"*
*Ben asked Helen **if/whether** she had worked there long.*

Bei **indirekten Fragen** unterscheiden wir zwischen Fragen mit Fragewort (*how?*, *what?*, *where?* usw.) **1** **2** und Fragen ohne Fragewort **3**.

Bei **Fragen mit Fragewort** wird das Fragewort einfach übernommen. Das Subjekt steht dann wie bei Aussagen vor dem Verb und das Fragezeichen entfällt.

BEACHTE Die Tatsache, dass es sich um eine Frage handelt, wird durch das **einleitende Verb** *(asked, wanted to know)* und das **Fragewort** *(where?, how much?)* ausgedrückt.

4 *Ann: "**Do you often go** to the cinema, Tom?"*
*Ann asked Tom **if/whether** he often went to the cinema.*

Bei **Fragen ohne Fragewort** benutzen wir *if* bzw. ***whether*** (ob), um zu verdeutlichen, dass es sich um eine Frage handelt **4**.
Wie bei Aussagen müssen oft die **Zeitform des Verbs, Zeitangaben, Ortsangaben** und die **Personen** geändert werden. (↗ Aussagen in der indirekten Rede, S. 86 – 89)

Bitten und Aufforderungen
Requests and orders

1 *Helen: "Tom, **help** me with the shopping, please."*
*Helen **asked** Tom **to help** her with the shopping.*
2 *Tom: "**Deliver** the books tomorrow."*
*Tom **told** the shop **to deliver** the books the next day.*
3 *Ben: "**Don't forget** to phone the airport, Ann."*
*Ben told Ann **not to forget** to phone the airport.*

Indirekte Bitten und Aufforderungen werden stets durch ***asked*** (bitten) **1** bzw. ***told*** in der Bedeutung von „sagen" **2** **3** eingeleitet.

BEACHTE Die Verben *ask* und *tell* haben immer ein **Objekt**, daher muss die angesprochene Person erwähnt werden.

Das **Verb des** indirekten **Aufforderungssatzes** erscheint als ***to* + Infinitiv** **1** **2**.
Bei **verneinten** indirekten **Aufforderungen** setzen wir ***not*** **unmittelbar vor *to*** **3**.

Teste dein Wissen!

Kapitel „Satzgefüge“	O.K. ✔	Das muss ich noch mal lesen
Ich kann die Zeitenfolge in den drei Typen von *if*-Sätzen richtig bilden.		S. 81
Ich kann die unterschiedlichen *if*-Sätze erläutern und richtig anwenden.		S. 82
Ich kann die Relativpronomen *which/that*, *who/that* und *whose* richtig einsetzen.		S. 83, 84
Bei dem Gebrauch von Relativsätzen weiß ich, wann ich das Relativpronomen weglassen soll.		S. 84
Ich kann die Zeitverschiebung bei indirekten Aussagen und Fragen darstellen.		S. 87
Ich kann indirekte Fragen mit und ohne Fragewort richtig bilden.		S. 89, 90
Ich kann die einleitenden Verben *ask* und *tell* bei indirekten Bitten und Aufforderungen richtig anwenden.		S. 90

4 Satzarten

4.1 Die Satzarten und die Wortstellung im Satz

Sentence types and word order in sentences

Bejahte und verneinte Aussagen

Affirmative and negative statements

Wortstellung in bejahten Aussagen

	Subjekt	Prädikat	Objekt	andere Teile
1	*We*	*live*		*in Germany*
2	*Tom*	*watches*	*the TV news*	*every day.*
3	*Helen*	*has made*	*supper*	*now.*

Die **Wortstellung** in Aussagen ist streng festgelegt:
Subjekt – Prädikat – andere Satzteile 1.
Gibt es im Satz ein **Objekt**, steht es unmittelbar und unzertrennlich **nach dem Prädikat** 2 3.

BEACHTE Anders als im Deutschen bleibt im Englischen die Wortstellung immer erhalten, auch wenn andere Satzteile vorangestellt werden. Zum Vergleich:

We visited my brother in London.
Wir haben meinen Bruder in London besucht.

Yesterday we visited my brother in London.
Gestern haben wir meinen Bruder in London besucht.

Wortstellung in Aussagen mit zwei Objekten

	Subjekt	Prädikat	Objekte (wem?)	(wen oder was?)	andere Teile
1	*Tom*	*sent*	***me***	***a fax***	*today.*
2	*Helen*	*gave*	***Tom***	***a kiss***	*just now.*

Einige Verben – wie *send, give, promise* (versprechen) und *present* (überreichen) – haben zwei Objekte, das **indirekte Objekt** *(wem?)* und das **direkte Objekt** *(wen?* oder *was?)*.
In Sätzen mit zwei Objekten steht das **indirekte** Objekt *(wem?)* **vor dem direkten Objekt** *(wen?* oder *was?)* 1 2.

4

Wortstellung in verneinten Aussagen

	Subjekt	Prädikat Hilfsverb	Objekt Vollverb	andere Teile	
		+ *not/n't*			
1	*You*	***must not***	***drive***	*so fast here.*	
2	*We*	***haven't***	***seen***	*this film*	*before.*
3	*I*	***don't***	***like***	*fish.*	
4	*Helen*	***doesn't***	***visit***	*me*	*very often.*
5	*They*	***didn't***	***have***	*a holiday*	*last year.*

Wollen wir eine Aussage **verneinen**, stellen wir ***not*** **unmittelbar hinter das Hilfsverb** 1.

BEACHTE In der **gesprochenen Sprache** hängen wir die Kurzform von *not* – *n't* – direkt an das Hilfsverb 2.

Kommt **kein Hilfsverb** vor, benutzen wir als Ersatz *(substitute)* die **Verneinung von** ***do***:
do not/don't 3
does not/doesn't 4
did not/didn't 5

Bejahte und verneinte Aufforderungen
Affirmative and negative commands

1 ***Drive carefully***. *The roads are wet.*
2 ***Sit down***, *please, Mr Snow.*
3 ***Do not forget*** *to bring your books tomorrow.*
4 ***Don't be*** *angry, Tom.*
5 *I know.* ***Let's go*** *to the cinema tonight.*
6 ***Let's not invite*** *that awful Harry to our party.*

Bejahte Aufforderungen haben dieselbe Form **wie der Infinitiv** (ohne *to*) 1 2. Diese Form von Aufforderungen heißt in der Grammatik auch „Imperativ".
Verneinte Aufforderungen bilden wir **mit *do not/don't* + Infinitiv** (ohne *to*) 3 4.

BEACHTE Verneinte Aufforderungen mit *do not* wirken formell und streng. Daher benutzen wir normalerweise die **Kurzform *don't***.

Möchten wir einen **Vorschlag** in Form einer Aufforderung machen, benutzen wir ***let's* + Infinitiv** (ohne *to*) 5 bzw. ***let's not* + Infinitiv** (ohne *to*) 6.

BEACHTE Normalerweise verwenden wir im Englischen **kein Ausrufezeichen** *(exclamation mark)* nach Aufforderungssätzen:
Beeil dich! Und sei nicht so griesgrämig!
Hurry up. And don't be so bad-tempered.

Entscheidungsfragen

Yes/No-questions with short answers

1 ***Is** this your car, madam?*
2 ***Have** you read this book?*
3 ***Can** you speak German, Ben?*
4 ***Do** you know Ben's wife?*
5 ***Does** Helen work in London?*
6 ***Did** you see the film on TV yesterday?*

Diese Fragen sind alle **Entscheidungsfragen**, die eine Antwort mit *Yes* bzw. *No* erwarten. Anders als im Deutschen können wir im Englischen solche Fragen **nur mit einem Hilfsverb** bilden.

Ist ein Hilfsverb schon vorhanden, benutzen wir es, um die Frage zu bilden: *is* 1, *have* 2, *can* 3.

Gibt es kein Hilfsverb im Satz, dann müssen wir ***do*** (Präsens), ***does*** (3. Person Singular Präsens) oder ***did*** (Vergangenheit) benutzen 4 5 6.

BEACHTE Im Englischen benutzen wir ***be*** immer so, als ob es ein Hilfsverb wäre, sogar dann, wenn kein anderes Vollverb im Satz vorhanden ist 1.
***Are** they all at home, dear?*

Kurzantworten

Short answers

Frage	Kurzantwort
1 ***Can*** *you ride a bike?*	*Yes, I* ***can****.* *No, I* ***can't****.*
2 ***Are*** *Ann and Ben on holiday?*	*Yes, they* ***are****.* *No, they* ***aren't****.*
3 ***Have*** *you seen Helen?*	*Yes, I* ***have****.* *No, I* ***haven't****.*
4 ***Do*** *you like dogs?*	*Yes, I* ***do****.* *No, I* ***don't****.*
5 ***Does*** *Helen work in London?*	*Yes, she* ***does****.* *No, she* ***doesn't****.*
6 ***Did*** *you watch TV last night?*	*Yes, I* ***did****.* *No, I* ***didn't****.*

Da eine einfache *Yes/No-answer* etwas schroff wirken kann, benutzen wir im Englischen **Kurzantworten**, um eine Antwort auf eine Entscheidungsfrage freundlicher klingen zu lassen.

Die Form von Kurzantworten wird durch den Hauptsatz bestimmt. Das dort vorhandene **Hilfsverb** wird nochmals benutzt, um die Kurzantwort zu bilden.

Das Subjekt des Fragesatzes tritt in Form eines **Personalpronomens** auch als Subjekt der Kurzantwort auf 1 – 6.

Frage	Kurzantwort
7 ***Is there*** *a car park near here?*	*Yes,* ***there is****.* *No,* ***there isn't****.*

Ist die Frage mit *Is/Are there* (= Gibt es?) eingeleitet, bilden wir die Kurzantwort ebenfalls mit *there* 7.

Fragen mit Fragewörtern

Questions with question words

1 ***How do you turn** on the TV?*
2 ***When do we have** Biology today?*
3 ***Where can I buy** some stamps?*
4 ***Why is he hitting** the dog again?*

Fragen mit einleitendem Fragewort bilden wir genau wie andere Fragen (↗ Entscheidungsfragen, S. 95). Das Fragewort wird dabei vorangestellt 1 – 4.

Bei **Fragen mit *what?* und *who?*** verfahren wir anders.
Ist *what?* bzw. *who?* das **Subjekt** des Satzes, dann benötigen wir **kein Hilfsverb**, um Fragen zu bilden:
***What happened** when you opened the box?*
***Who teaches** you English?*

Ist aber das Fragewort das **Objekt** des Satzes, dann bilden wir Fragen **mit einem Hilfsverb**, also wie gewöhnlich:
*What **does** this word mean in English?*
*Who **do** you like best, Tom or Ben?*

Weitere Hinweise zum Gebrauch von *what?, which?, who?*

More information about the use of what?, which?, who?

1 *What are your hobbies?*
2 *Which do you like best, football or basketball?*
3 *Who were you talking to on the phone?*
4 *Who do you think will win the race, Jane or Maureen?*

Mit ***what*** fragen wir nach Dingen aus einer **unbeschränkten Zahl** 1 und mit ***which*** nach Dingen aus einer **beschränkten Zahl** 2.

Mit *who* fragen wir nach **Personen** aus einer unbeschränkten **3** sowie einer beschränkten **4** Zahl.

BEACHTE Vor ***of*-Fügungen** steht ***which*** für Personen und für Dinge:
Which of the boys *saw the accident?*
Which of the CDs *do you like best?*

Frageanhängsel

Question tags

1 *Cardiff **is** in Wales, **isn't** it?*
2 *You **can** swim, **can't** you?*
3 *Tom **wasn't** in his office, **was** he?*
4 *You **haven't** always lived here, **have** you?*
5 *You **don't** know Ben's wife Ann, **do** you?*
6 *They **didn't** come to the party, **did** they?*
7 *The Japanese **drive** on the left, **don't** they?*
8 *Helen **went** home early yesterday, **didn't** she?*

Die englischen *question tags* wie *isn't it?* **1**, *can't you?* **2** und *was he?* **3** entsprechen den deutschen Frageanhängseln „nicht?"/„nicht wahr?", „oder?"/„oder nicht?" usw.
Gibt es ein **Hilfsverb** im Satz, benutzen wir dieses, um das *question tag* zu bilden **1** – **6**.
Falls **kein Hilfsverb** vorhanden ist, verwenden wir ***do/does/did***, genau wie bei der Fragebildung (↗ Entscheidungsfragen, S. 95) **7** **8**.

Ist das **Verb im Hauptsatz bejaht** (+), dann ist das ***question tag* verneint** (-) und umgekehrt.

	+		–
Cardiff	***is***	*in Wales,*	***isn't** it?*
	–		+
Tom	***wasn't***	*in his office,*	***was** he?*

Teste dein Wissen!

Kapitel „Satzarten"	O. K. ✔	Das muss ich noch mal lesen
Ich kann die Wörter in bejahten und verneinten Aussagen in die richtige Reihenfolge stellen.		S. 92, 93
Ich kann die richtige Wortstellung auch in Sätzen mit zwei Objekten erläutern.		S. 93
Ich kann die Wörter in Fragen mit und ohne Fragewort in die richtige Reihenfolge stellen.		S. 95, 97
Ich kann Kurzantworten richtig bilden und anwenden.		S. 96
Bei den Fragewörtern *who* und *what* weiß ich, wann ich die Frage mit einem Hilfsverb bilden muss.		S. 97
Ich kann erklären, wann man bei der Bildung von Frageanhängseln, *do/does/did* benutzen muss.		S. 98

5 Übersichten

5.1 Präpositionen
Prepositions

Wichtige Merkmale
Important features

1 *The child ran **onto** the road.*
2 *I start work **at** 6 o' clock **in** the morning.*
3 *Sally Webb lives **in** York.*
4 *The dog jumped **over** the wall **into** the garden.*
5 *Can you translate this letter **into** French **for** me?*
6 *Are you looking forward **to** going to Holland?*

Wir benutzen Präpositionen, um eine **Beziehung** auszudrücken. In Beispiel 1 oben stellt die Präposition *onto* die Beziehung zwischen dem Kind *(the child)* und der Straße *(the road)* dar.

Normalerweise stehen Präpositionen **unmittelbar vor einem Nomen, einem Pronomen** oder **einer** *-ing***-Form** (Gerundium). (↗ Die *-ing*-Form, S. 74; ↗ Relativsätze, S. 84)

Wir kennen die folgenden vier Gruppen von Präpositionen: **Präpositionen der Zeit** 2, **des Ortes** 1 3, **der Bewegung bzw. Richtung** 4 und **der sonstigen Beziehung** 5 6.

Der **Gebrauch von Präpositionen** ist extrem idiomatisch und kann eigentlich nicht in Form von allgemeinen „Regeln" zusammengefasst werden. Daher kann man nicht oft genug sagen: Lerne Präpositionen immer als Teil einer Redewendung!

Präpositionale Wendungen

Prepositional phrases

Die folgenden Wendungen weichen vom deutschen Gebrauch stark ab. Sie sind daher besonders „fehlerträchtig".

Präpositionen der Zeit *Prepositions of time*	
at Christmas	zu Weihnachten
at 40 (years of age)	mit 40
at 6 o'clock	um 6 Uhr
at mealtimes	bei Mahlzeiten
at lunch time	in der Mittagszeit
at breakfast/...	beim Frühstück/...
at the/this/that time	zu der/dieser/jener Zeit
at all times	jederzeit
at night	bei Nacht
at the weekend/at weekends	am Wochenende
at the moment	im Moment
at once	sofort
at one time	früher
at present	zur Zeit, jetzt
at the time	zu der Zeit
at times	gelegentlich
in time	rechtzeitig
in the morning/evening/...	am Morgen/Abend/...
in a minute/moment	gleich
in no time	sekundenschnell
on time	planmäßig
on the hour	zur vollen Stunde

5

BEACHTE *last* und *next* werden **ohne eine Präposition** benutzt:

I saw Jane ***last Friday***. (Am letzten Freitag sah ich Jane.)

We are going to Austria ***next winter***.

(Im nächsten Winter fahren wir nach Österreich.)

Präpositionen des Ortes *Prepositions of place*	
at the station	am Bahnhof
at the baker's	beim Bäcker
at the chemist's	in der Apotheke
at the supermarket	im Supermarkt
at my parents' (home)	bei meinen Eltern
at the door	an der Haustür
at 20 Church Street	in der Church Street 20
at work	bei der Arbeit
at the seaside	am Meer
at a meeting	bei einer Sitzung
at a concert	in einem Konzert
at Jill's party	auf Jills Party
at the table	am Tisch
at hand	zur Hand
in the street	auf der Straße
in the sky	am Himmel
in the country	auf dem Land
in the picture/photo	auf dem Bild/Foto
in the container	in dem Behälter
in the world	auf der Welt
in depth	in allen Einzelheiten
on the road	auf der Straße
on the board	an der Tafel
on board	an Bord
on the wall	an der Wand
on the beach	am Strand
on the coast	an der Küste
on the Rhine	am Rhein
on the bus/plane/…	im Bus/Flugzeug/…
on the first/… floor	im ersten/… Stock
on stage	auf der Bühne
on the way to	unterwegs nach
on the left/right	links/rechts

Sonstige Präpositionen *Other prepositions*	
at £3.75	für £3.75
at last	endlich
at least	mindestens
not at all	überhaupt nicht
at any rate	zumindest
at first sight	auf den ersten Blick
at pains	sehr bemüht
in your own words	mit eigenen Worten
in a loud/quiet voice	mit lauter/leiser Stimme
in my opinion/view	meiner Meinung nach
in love with	verliebt in
in German	auf Deutsch
in the end	schließlich
in addition to	zusätzlich zu
in any case	auf jeden Fall
in brief	kurz gesagt
in comparison	im Vergleich
in conclusion	zum Schluss
in a hurry	in Eile
in different/various ways	auf verschiedene Weise
in biro	mit dem Kugelschreiber
on the radio	im Radio
on TV	im Fernsehen
on the phone	am Telefon
on holiday/vacation	im Urlaub
on foot	zu Fuß
on horseback	zu Pferd
on occasion	gelegentlich
by bike/bus/...	mit dem Rad/Bus/...
by Mozart/Bach/...	von Mozart/Bach/...
on business	geschäftlich unterwegs
on display	ausgestellt (im Schaufenster)
on hand	verfügbar

5.2 Verben mit Adverbien oder Präpositionen

Phrasal verbs and prepositional verbs

Viele Verben werden mit bestimmten Adverbien oder Präpositionen benutzt. Verben, die mit **Adverbien** verbunden werden, nennen wir ***phrasal verbs***. Verben, die wir mit **Präpositionen** anwenden, heißen ***prepositional verbs***.

Vorausgesetzt, dass man sich solche Verbindungen als Ganzes merkt, ist aber diese eher technische Unterscheidung selten von Bedeutung.

Geläufige *phrasal verbs*

Common phrasal verbs

Oft ist es nicht möglich, die Bedeutung eines ***phrasal verb*** von den einzelnen Wörtern her zu erschließen. Deshalb ist es wichtig, *phrasal verbs* **als Ganzes** auswendig zu lernen.

My car ***broke down*** *on the way home.* (eine Panne haben)
The referee ***broke off*** *the match because of rain.* (abbrechen)
Why should women ***bring up*** *children alone?* (erziehen)
Henry Ford ***built up*** *a huge car company.* (aufbauen)
Why don't you ***call in*** *when you're in London?* (vorbeischauen)
Please put up your hand when I ***call out*** *your name.* (ausrufen)
Stop shouting. ***Calm down*** *and we'll talk about it.* (sich beruhigen)
The doctors ***carried out*** *a lot of tests.* (durchführen)
I'm afraid we can't ***carry out*** *the repairs until next week.* (durchführen)
We must ***check in*** *by six o'clock.* (sich abfertigen lassen)
Please ***clear away*** *your things now.* (wegräumen)
Can you help me to ***clear up*** *the kitchen, please?* (aufräumen)
Hello, Mr Snow: ***Come in****, please.* (hereinkommen)
Old Annie ***fell down/over*** *and hurt her knee.* (hin-/umfallen)
Can you ***fill in/out*** *this form, please?* (ausfüllen)
Did you ***find out*** *anything about the accident?* (herausfinden)
Get in/on *the bus in Church Road.* (einsteigen)
Don't ***get off/out*** *of the tain before it stops.* (aussteigen)
Get on *with it! I don't have all day!* (fortfahren)
Do you always ***get up*** *at 6?* (aufstehen)

Annie ***gave away all*** *her money to a cats' home.* (verschenken)
When there's a fight, Bonzo never ***gives in****.* (nachgeben)
You should ***give up*** *smoking.* (aufgeben)
When there's a fight, our dog never ***gives in****.* (nachgeben)
Scotland's great. We'll definitely ***go back*** *there again.* (zurückgehen)
Go on*. What happened then?* (weitermachen)
Is Mary really ***going out*** *with that horrible man?* (ausgehen)
The thief ***got away*** *in a stolen car.* (entkommen)
Did your mother ***grow up*** *in Hamburg?* (aufwachsen)
I asked him to stop talking but he just ***kept on****.* (weitermachen)
Don't ***leave out*** *any questions. Answer them all.* (auslassen)
Why should I always ***look after*** *the dog?* (sich kümmern um)
Have you seen Bob? I've ***looked for*** *him everywhere.* (suchen)
We're really ***looking forward to*** *our holiday.* (sich freuen auf)
Look out! *The lights are red!* (aufpassen)
Look up *the words in your dictionary.* (nachschlagen)
It was so dark that I couldn't ***make out*** *your house number.* (erkennen)
Please ***pick*** *me* ***up*** *at the station.* (abholen)
You can ***put away*** *your books now.* (wegräumen)
Put on *a pullover. It's cold outside.* (anziehen)
We must ***set off/out*** *early tomorrow.* (aufbrechen)
Speak up! *I can't hear you.* (lauter sprechen)
Everybody ***stood up*** *when the queen came in.* (aufstehen)
We ***stayed up*** *until 3 am yesterday.* (aufbleiben)
Take off *your coat and* ***sit down****.* (Kleidung ausziehen)
The plane ***takes off*** *at 10:30 pm.* (starten)
Always ***try on*** *shoes before buying them.* (anprobieren)
Turn down *the TV, please. I'm on the phone.* (leiser stellen)
You ***turn off*** *the computer here, okay?* (ausschalten)
Turn over *the page for the answers.* (umblättern)
Turn up *the radio, please. I want to hear the news.* (lauter stellen)
Keep quiet. You'll ***wake up*** *the baby.* (aufwecken)
I didn't ***wake up*** *until 10 on Sunday.* (aufwachen)
Mum was ***washing up*** *when I got home.* (spülen)
Can you ***work out*** *what this means?* (ausmachen, herausfinden)
Jane can ***work out*** *234.89 x 6.7 in her head.* (ausrechnen)
I hope you ***wrote down*** *Monika's email address this time.* (aufschreiben)

Geläufige *prepositional verbs*

Common prepositional verbs

Carr & Company is ***advertising for*** *more workers.* (werben für)
He ***advised against*** *buying such an expensive car.* (raten gegen)
We ***arrived at*** *the station late.* (ankommen)
The old man ***asked*** *us* ***for*** *some money.* (bitten um)
Most people don't ***believe in*** *paradise.* (glauben an)
The cat ***belongs to*** *our neighbour.* (gehören)
Tom ***borrowed*** *that CD* ***from*** *my brother.* (ausleihen von)
The boys ***confessed to*** *stealing the bike.* (gestehen)
We were ***criticised for*** *not doing our homework.* (kritisieren wegen)
Dogs ***differ from*** *cats in several ways.* (unterscheiden sich von)
Please ***divide into*** *four groups.* (unterteilen in)
Don't ***dream about*** *becoming a pop star. Get a job.* (träumen von)
She ***got over*** *her illness very quickly.* (erholen von)
The other driver ***insisted on*** *calling the police.* (bestehen auf)
Do you ***know about*** *the accident?* (wissen von)
You shouldn't ***laugh at*** *other people.* (auslachen)
Jane ***lent*** *this book* ***to*** *me.* (leihen)
We ***listened to*** *music all evening.* (zuhören)
Look at *that notice. It says 'Danger'.* (anschauen)
Of course people ***object to*** *smoking in restaurants.* (etwas dagegen haben)
I ***read about*** *the match in the paper.* (lesen über)
You can't ***rely on*** *Ben to do what he says.* (verlassen auf)
We ***succeeded in*** *winning the match.* (Erfolg haben in)
Joshua couldn't ***take in*** *that he'd won on the lottery.* (begreifen)
I'll ***wait for*** *you at the station.* (warten auf)
Most people ***wish for*** *good health above all else.* (wünschen sich)
Our team ***won by*** *three goals.* (gewinnen mit)
I often ***wonder about*** *Sarah's behaviour.* (sich wundern über)
Sarah Hall often ***writes about*** *children.* (schreiben über)
I must ***write to*** *my grandmother today.* (schreiben an)

5.3 Die Uhrzeit
The time

Im englischsprachigen Raum zählen wir die **Stunden von 1 bis 12** (nicht bis 24).

Für Zeiten **von Mitternacht bis 12 Uhr mittags** benutzen wir die Abkürzung ***am*** bzw. ***a.m.*** (= *ante meridiem*, lateinisch „vormittags“).
Für Zeiten **zwischen 12 Uhr mittags und Mitternacht** benutzen wir ***pm*** bzw. ***p.m.*** (= *post meridiem*, lateinisch „nachmittags“).

Häufig benutzen wir **bei vollen Stunden *o'clock*** *(= "of the clock").* Dann entfällt *am/pm*: *It's six o'clock* bzw. *It's six pm.*

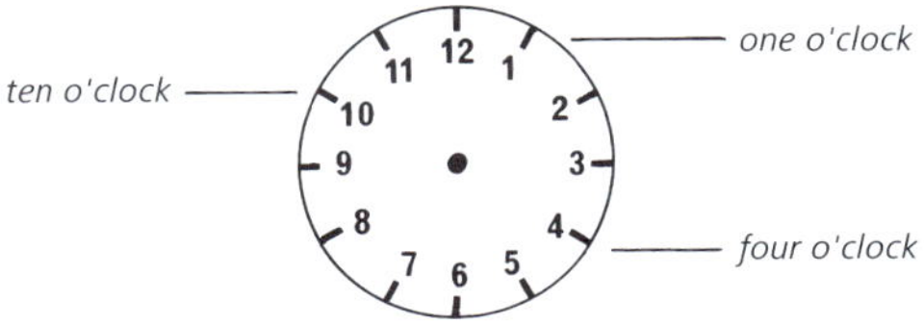

Bei der Nennung der Uhrzeit benutzen wir ***past*** (= *past the hour:* „nach der vollen Stunde“) für die **rechte Hälfte des Zifferblatts** und ***to*** (= *before the hour:* „vor der vollen Stunde“) für **die linke Hälfte**.

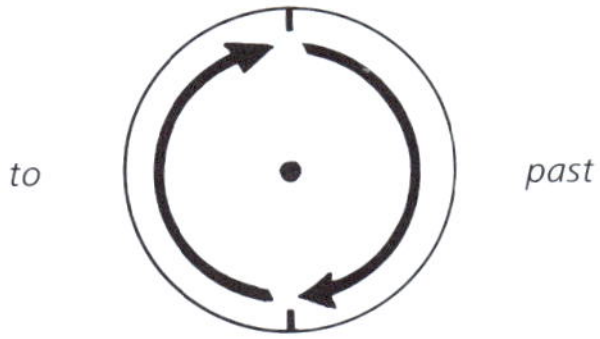

Die **viertelstündigen Schritte** werden mit ***(a) quarter past, half past*** und ***(a) quarter to*** ausgedrückt, z. B. *(a) quarter past three, half past ten, (a) quarter to eleven.* (↗ S. 108)

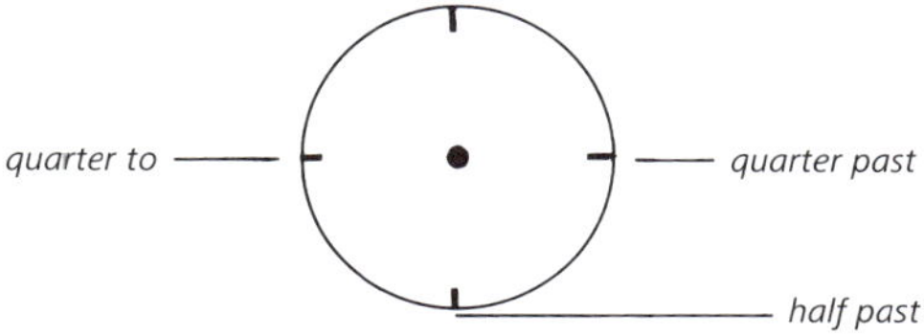

Die **fünfminütigen Schritte** werden heutzutage meist ohne das Wort *minutes* ausgedrückt, also *ten past three, twenty-five past seven, twenty to ten, five to eleven.*

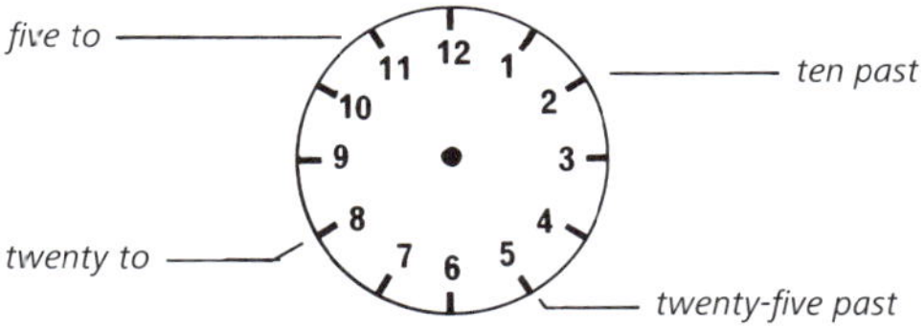

Bei **einminütigen Zeiten** müssen wir das Wort ***minutes*** hinzufügen, also *seven minutes past five, eighteen minutes to nine.*

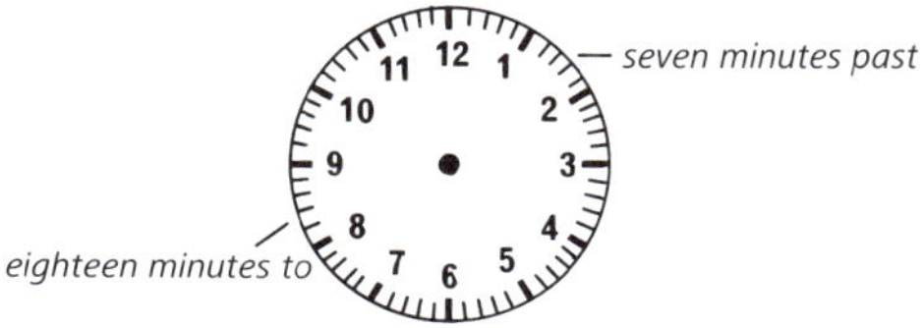

BEACHTE Gerade heute wird die Zeit zunehmend in **reinen** Zahlen angegeben. Dies ist besonders bei **Ansagen** der Fall, zum Beispiel:

*The next train leaves at **two fifteen**.*
*The concert begins at **seven thirty**.*

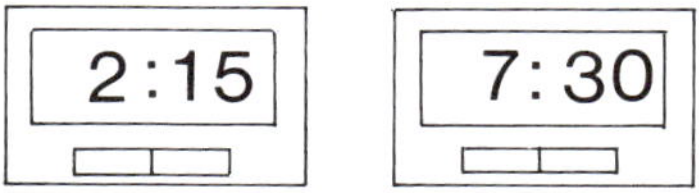

5.4 Das Datum

Dates

1 *"It's the sixth of June today."*
2 *"We got married on April the twenty-second."*
3 *Thank you for your letter of 24 November.*

In der **gesprochenen Sprache** benutzen wir **Ordinalzahlen** (z. B. „erste", „zweite") entweder in der Reihenfolge Tag – Monat **1** oder andersherum **2**.

In der modernen **Schriftsprache** dagegen benutzen wir **Kardinalzahlen** (z. B. „eins", „zwei") **ohne Punkt** **3**.

BEACHTE Wir unterscheiden zwischen der **Schreibweise** und der **Aussprache** von Daten:

Wir schreiben:	**Wir sagen:**
on 6 June	*on* ***the*** *sixth* ***of*** *June*
on 6th June	*on* ***the*** *sixth* ***of*** *June*
on June 6th	*on June* ***the*** *sixth*

BEACHTE Sei vorsichtig beim Gebrauch von Daten, die nur aus Zahlen bestehen, wie z. B. **5. 9. 97.** In Europa bedeutet diese Angabe: **5. September 1997**. Aber in den USA und in der pazifischen Region, einschließlich Japan, bedeutet sie:
9. Mai 1997. Der Grund dafür ist, dass im amerikanischen Englisch der Monat **vor** dem Tag steht.

5.5 Unregelmäßige Verben

Irregular verbs

Infinitiv *infinitive*	**Imperfekt (2. Form)** *simple past*	**Partizip Perfekt (3. Form)** *past participle*	
be	*was/were*	*been*	sein
beat	*beat*	*beaten*	schlagen, besiegen
become	*became*	*become*	werden
begin	*began*	*begun*	anfangen
blow	*blew*	*blown*	blasen, wehen
break	*broke*	*broken*	(zer)brechen
bring	*brought*	*brought*	bringen
build	*built*	*built*	bauen
buy	*bought*	*bought*	kaufen
catch	*caught*	*caught*	fangen
choose	*chose*	*chosen*	(aus)wählen, aussuchen
come	*came*	*come*	kommen
cost	*cost*	*cost*	kosten
cut	*cut*	*cut*	schneiden
do	*did*	*done*	tun, machen, erledigen
draw	*drew*	*drawn*	zeichnen
dream	*dreamt*	*dreamt*	träumen
drink	*drank*	*drunk*	trinken, saufen
drive	*drove*	*driven*	fahren, (an)treiben
eat	*ate*	*eaten*	essen, fressen
fall	*fell*	*fallen*	(hin)fallen
feed	*fed*	*fed*	füttern
feel	*felt*	*felt*	sich fühlen
fight	*fought*	*fought*	(be)kämpfen
find	*found*	*found*	finden
fly	*flew*	*flown*	fliegen
forget	*forgot*	*forgotten*	vergessen
freeze	*froze*	*frozen*	(ge)frieren
get	*got*	*got*	bekommen, erhalten
give	*gave*	*given*	geben, schenken

Infinitiv *infinitive*	**Imperfekt (2. Form)** *simple past*	**Partizip Perfekt (3. Form)** *past participle*	
go	*went*	*gone*	gehen
grow	*grew*	*grown*	wachsen, zunehmen
hang	*hung*	*hung*	(auf)hängen
have	*had*	*had*	haben, besitzen
hear	*heard*	*heard*	hören
hide	*hid*	*hidden*	verstecken
hit	*hit*	*hit*	schlagen, aufprallen
hold	*held*	*held*	(fest)halten
hurt	*hurt*	*hurt*	verletzen
keep	*kept*	*kept*	behalten, immer wieder tun
know	*knew*	*known*	kennen, wissen
lay	*laid*	*laid*	(ver)legen, hinstellen
lead	*led*	*led*	führen, leiten
lean	*leant*	*leant*	(sich) lehnen, stützen, neigen
learn	*learnt*	*learnt*	lernen, aneignen
leave	*left*	*left*	verlassen
lend	*lent*	*lent*	(ver-, aus)leihen
let	*let*	*let*	lassen
lie	*lay*	*lain*	liegen
light	*lit*	*lit*	anzünden
lose	*lost*	*lost*	verlieren
make	*made*	*made*	machen
mean	*meant*	*meant*	bedeuten
meet	*met*	*met*	sich treffen
misunder-stand	*misunder-stood*	*misunder-stood*	missverstehen
pay	*paid*	*paid*	(be)zahlen
put	*put*	*put*	setzen, stellen, legen
read	*read*	*read*	(ab)lesen
ride	*rode*	*ridden*	reiten, Rad fahren
ring	*rang*	*rung*	läuten, klingeln, anrufen

Infinitiv *infinitive*	**Imperfekt (2. Form)** *simple past*	**Partizip Perfekt (3. Form)** *past participle*	
rise	*rose*	*risen*	steigen, zunehmen
run	*ran*	*run*	laufen, rennen
say	*said*	*said*	sagen
see	*saw*	*seen*	sehen, verstehen
sell	*sold*	*sold*	verkaufen
send	*sent*	*sent*	senden, schicken
shake	*shook*	*shaken*	schütteln
shoot	*shot*	*shot*	(er)schießen
show	*showed*	*shown*	zeigen
shut	*shut*	*shut*	schließen
sing	*sang*	*sung*	singen
sit	*sat*	*sat*	sitzen
sleep	*slept*	*slept*	schlafen
smell	*smelt*	*smelt*	riechen, duften
speak	*spoke*	*spoken*	sprechen
spend	*spent*	*spent*	ausgeben
stand	*stood*	*stood*	stehen
steal	*stole*	*stolen*	stehlen
strike	*struck*	*struck*	schlagen
swim	*swam*	*swum*	schwimmen
take	*took*	*taken*	nehmen
teach	*taught*	*taught*	unterrichten, lehren
tear	*tore*	*torn*	(zer)reißen
tell	*told*	*told*	erzählen, mitteilen, sagen
think	*thought*	*thought*	denken, meinen
throw	*threw*	*thrown*	werfen
understand	*understood*	*understood*	verstehen
wake	*woke*	*woken*	wecken
wear	*wore*	*worn*	tragen, anhaben
win	*won*	*won*	gewinnen
write	*wrote*	*written*	schreiben

5.6 Englische Wendungen

English idioms

bark up the wrong tree – auf dem Holzweg sein
be a flash in the pan – ein Strohfeuer sein
be against the odds – unwahrscheinlich sein
be all the rage – der letzte Schrei sein
be a pain in the neck/arse – jdm. auf die Nerven gehen
be a sight for sore eyes – eine Augenweide sein
be between a rock and a hard place – in einer Zwickmühle sein
be dead beat – erschöpft sein
be fed up with sb./sth. – von etwas/jdm. die Nase voll haben
be hand in glove with sb. – mit jdm. unter einer Decke stecken
be left holding the baby – mit der Verantwortung alleingelassen sein
be off the record – nicht für die Öffentlichkeit sein
be on the make – sich die eigenen Taschen füllen
be on the rocks – am Ende sein
be on the safe side – ganz sicher gehen
be on the waggon – das Alkoholtrinken aufgegeben haben
be out of one's depth – überfordert sein
be right up one's street – genau nach dem Geschmack von jdm. sein
be sitting pretty – gut dran sein
be too big for one's boots – größenwahnsinnig sein
be unable to get a word in edgeways/edgewise – überhaupt nicht zu Wort kommen
be upfront with sb. – mit jdm. offen und ehrlich sein
be up the creek without a paddle – in der Klemme sein
bite off more than one can chew – sich zuviel zumuten
catch sb. doing sth. red-handed – jdn. auf frischer Tat erwischen
come in handy for sth. – für etwas nützlich sein
come to the point – zur Sache kommen
cut down on sth. – etwas einschränken

do sb. a good turn – jdm. einen Gefallen tun
do sth. for kicks – etwas aus Vergnügen tun
do sth. just for laughs – etwas zum Spaß machen
eat one's words – eine Äußerung kleinlaut zurücknehmen
fall into line with sb./sth. – mit etwas/jdm. einverstanden sein
find sth. out by trial and error – etwas durch Versuch und Irrtum herausfinden
fly off the handle – ausrasten
get a piece/slice of the action – am geschäftlichen Erfolg teilnehmen
get away with sth. – ungestraft davonkommen
get (hold of) the wrong end of the stick – etwas völlig falsch verstehen
get one's act together – etwas besser regeln/„gebacken kriegen"
get on sb.'s nerves – jdm. auf die Nerven gehen
get real – realistisch werden
get up sb.'s/one's nose – jdm. auf die Nerven gehen
give a straight answer – eine klare Antwort geben
give sb. a hand to do sth. – jdm. helfen, etwas zu tun
give sb. a piece of one's mind – jdm. ungeschminkt sagen, was man meint
go off the deep end – aus der Haut fahren
go incandescent/spare – völlig ausrasten
go to the dogs – vor die Hunde gehen
have a bee in one's bonnet – einen Tick haben
have a chip on one's shoulder – sich unfair behandelt/benachteiligt fühlen
have a close shave – einer Gefahr knapp entkommen
have a soft spot for sb. – eine Schwäche für jdn. haben
have egg on one's face – wie ein Depp dastehen
have one's back against the wall – in die Enge getrieben sein
have one's feet on the ground – eine handfeste Natur haben
have sb. over a barrel – jdn. in der Zange haben

have the gift of the gab – sehr redegewandt sein
hit it off with sb. – sich mit jdm. gut verstehen
hit the ceiling/roof – ausrasten
keep *an eye on sb./sth.* – ein Auge auf jdn./etwas haben
keep a straight face – ein ausdrucksloses Gesicht halten
keep one's fingers crossed – den Daumen drücken
keep one's hair on – ruhig bleiben
kick up a fuss – sich lauthals beschweren
leave *sb. in the lurch* – jdn. im Stich lassen
let the cat out of the bag – etwas preisgeben
make *a go of sth.* – etwas erfolgreich tun
make tracks – sich auf die Socken machen
pick *a fight/quarrel with sb.* – Streit mit jdm. anfangen
pick sb.'s brains – jdn. zum eigenen Vorteil ausfragen
play it safe – sichergehen
play sth. down – etwas verharmlosen
poke fun at sb./sth. – sich über jdn./etwas lustig machen
pour oil on troubled water – die Wogen glätten
pull sb.'s leg – jdn. auf den Arm nehmen
pull strings – etwas durch Beziehungen erreichen
pull the wool over sb.'s eyes – jdn. hinters Licht führen
put all one's eggs in one basket – alles auf eine Karte setzen
put the cart before the horse – eine Sache falsch herum betrachten
put the cat among the pigeons – für Unruhe sorgen
put sb.'s back up – jdn. verärgern
put sb.'s on the spot – jdn. in Verlegenheit bringen
screw *sth. up* – etwas vermasseln
see eye to eye with sb. – mit jdm. einverstanden sein
sell like hot cakes – wie warme Semmeln weggehen
sth. serves sb. right – etwas geschieht jdm. recht
smell a rat – Verdacht schöpfen
try *to keep up with the Joneses* – mit jdm. finanziell Schritt halten
turn a blind eye to sth. – etwas bewusst ignorieren

not turn a hair – nicht mit der Wimper zucken
turn sb./sth. down – jdm./etwas ablehnen
***wash** one's hands of sb./sth.* – mit jdm./etwas nichts mehr zu tun haben wollen

5.7 Falsche Freunde
False friends

Als „falsche Freunde" bezeichnet man jene englischen Wörter, die deutschen Wörtern sehr ähneln, aber etwas ganz anderes bedeuten.

Es ist doch so verlockend, „brav" mit *brave* und „Chef" mit *chef* zu übersetzen.
Es ist aber leider falsch und für den Englischsprachigen zudem völlig unverständlich. *False friends* sind ein tückischer Stolperstein, gegen den wir oft stoßen – oftmals ohne es zu merken.

In den folgenden Einträgen steht zuerst das deutsche Ausgangswort mit einem Beispielsatz und seiner Übersetzung mit dem ***richtigen englischen Begriff***. Dann folgt ein Satz, in dem der *falsche Freund* verwendet wird.

Akademiker/in
Alle Ärzte sind **Akademiker**.
*All doctors are **graduates**.*
Academics teach and do research at universities.
Gelehrte lehren und forschen an Hochschulen.

aktuell
Arbeitslosigkeit ist das wichtigste **aktuelle** Thema.
*Unemployment is the most important **current** topic.*
He actually said the precise opposite.
Tatsächlich sagte er das genaue Gegenteil.

bekommen
Heute habe ich über 20 E-Mails **bekommen**.
I got/received over 20 e-mails today.
Our boss always becomes angry if you question his decisions.
Unser Chef **wird** immer ärgerlich, wenn man seine Entscheidungen infrage stellt.

sich blamieren
Die Mannschaft **hat sich blamiert**.
The team made a fool of itself.
England hatte sich keineswegs blamiert im Verlauf dieser Meisterschaft.
England had in no way disgraced themselves during this Championship.
The trainer blamed the referee.
Der Trainer **gab** dem Schiedsrichter **die Schuld**.

brav
Mein Hund ist sehr **brav**.
My dog is very good.
Brave Frauen schreiben selten Geschichte.
Well-behaved Women rarely make history.
Are you brave enough to demand better pay?
Bist du **mutig** genug, eine bessere Bezahlung zu verlangen?

Chef
Mein **Chef** ist häufig geschäftlich verreist.
My boss is often away on business.
The chef here has won a lot of prizes.
Der **Koch** hier hat viele Preise gewonnen.

desinteressiert
Im Moment ist Markus völlig **desinteressiert**.
At the moment, Markus is completely uninterested.

*Sport commentators should be **disinterested/impartial** observers.*
Sportkommentatoren sollten **unparteiische** Beobachter sein.

dezent
Kannst du nicht **dezentere** Kleidung tragen?
*Can't you wear **quieter/more restrained** clothes?*
*John is a thoroughly **decent** man.*
John ist ein durch und durch **anständiger** Mann.

eventuell
Eventuell sehen wir uns am Wochenende.
***Possibly** we'll see each other at the weekend.*
*The plane **eventually** took off.*
Schließlich hob das Flugzeug ab.

irritieren
Lass dich nicht durch sein merkwürdiges Benehmen **irritieren**.
*Don't be **confused/put off** by his strange behaviour.*
*Ben **irritated** Ann a lot with his endless phone calls.*
Ben hat Ann mit seinen endlosen Telefonanrufen sehr **verärgert**.

komfortabel
Das neue Betriebssystem ist äußerst **komfortabel**.
*The new operating system is extremely **convenient**.*
*Is that hard chair **comfortable** enough?*
Ist der harte Stuhl **bequem** genug?

konsequent
Bei der Hundedressur muss man absolut **konsequent** sein.
*You must be absolutely **consistent** when training dogs.*
***Consequently**, I have no other choice.*
Folglich habe ich keine andere Wahl.

Kritik
Die **Kritik/Besprechung** des Stückes war vernichtend.
The ***review*** *of the play was devestating.*
Ein Großteil der **Kritik** richtete sich gegen den Schauspieler.
Much of ***the criticism was*** *directed at the actor.*
The ***critics*** *were merciless.*
Die **Kritiker** waren gnadenlos.

meinen
Was **meinst** du dazu?
What do you ***think*** *about it?*
What does 'to evade' ***mean*** *in German?*
Was **bedeutet** „*to evade*" auf Deutsch?

Meinung
Meiner **Meinung** nach liegst du völlig falsch.
In my ***opinion*** *you're completely wrong.*
The real ***meaning*** *of the decision is still unclear.*
Die wahre **Bedeutung** der Entscheidung ist noch unklar.

miserabel
Dieses Essen ist absolut **miserabel**.
This meal is absolutely ***awful.***
Mozart died a ***miserable*** *death.*
Mozart starb einen **elenden** Tod.

Notiz
Bei Verkaufsgesprächen sollte man sich immer **Notizen machen**.
You should always ***take notes*** *at sales meetings.*
The ***notice*** *says the shop is closed.*
Auf dem **Aushang** steht, dass das Geschäft geschlossen ist.

Rente
Viele junge Leute sparen nichts für ihre **Rente**.
A lot of young people save nothing for their ***pension****.*
They haven't paid their ***rent*** *for months.*
Sie haben seit Monaten ihre **Miete** nicht bezahlt.

Rezept
Der Arzt gab mir ein **Rezept** gegen Schlaflosigkeit.
The doctor gave me a ***prescription*** *for insomnia.*
Have you tried this Italian ***recipe*** *yet?*
Hast du dieses italienische **Rezept** schon ausprobiert?

selbstbewusst
Selbstbewusste Menschen vertrauen auf ihre Fähigkeiten.
Self-confident *people trust their own abilities.*
I was always so ***self-conscious*** *about my spots.*
Ich war immer so **gehemmt** wegen meiner Pickel.

sensibel
Bei solchen Sachen kann Beate sehr **sensibel** sein.
Beate can be very ***sensitive*** *about such things.*
The only ***sensible*** *thing to do with a chain letter is to delete it.*
Die einzig vernünftige Verfahrensweise mit einem Kettenbrief ist, ihn zu löschen.
These are ***sensible*** *clothes for climbing.*
Das ist **vernünftige** Kleidung zum Bergsteigen.

seriös
Einige Verkäufer sind nicht ganz **seriös**.
Some salesmen are not quite ***trustworthy/reputable****.*
Is terrorism really a ***serious*** *danger?*
Ist der Terrorismus wirklich eine **ernste** Gefahr?

spenden
Er **spendet** viel Geld für wohltätige Zwecke.
*He **donates/gives** a lot of money to charity.*
Ben shouldn't spend so much money on cars.
Ben sollte nicht so viel Geld für Autos **ausgeben**.

sympathisch
Sympathie
Lisa ist eine sehr **sympathische** Frau.
*Lisa is a very **pleasant/likeable** woman.*
*Doctors show little **sympathy** for smokers.*
Ärzte zeigen wenig **Mitgefühl** für Raucher.

übersehen
Der Autofahrer hat den Fahrradfahrer völlig **übersehen**.
*The car driver completely **overlooked** the cyclist.*
Two security men oversee the car park at night.
Nachts **überwachen** zwei Sicherheitsmänner den Parkplatz.

5

Unternehmer/in
Ohne **Unternehmerinnen und Unternehmer** gäbe es viel weniger Arbeitsplätze.
*Without **entrepreneurs** there would be many less jobs.*
Undertakers are people who arrange funerals.
Leichenbestatter sind Menschen, die Beerdigungen arrangieren.

will
Ben sagt, dass er heiraten **will**.
*Ben says that he **wants** to get married.*
Will we see each other at the football ground?
Werden wir uns am Fußballplatz sehen?

Teste dein Wissen!

Kapitel „Übersichten“	O. K. ✓	Das muss ich noch mal lesen
Ich kann mindestens drei der geläufigsten präpositionalen Wendungen der Zeit nennen.		S. 101
Ich kann mindestens drei der geläufigsten präpositionalen Wendungen des Ortes aufzählen.		S. 102
Ich kann mindestens drei der geläufigsten *phrasal verbs* aufsagen.		S. 104, 105
Ich kann die analoge und digitale Uhrzeit benennen.		S. 107, 108
Ich kann das Datum richtig sagen und schreiben.		S. 109
Ich kann die wichtigsten unregelmäßigen Verben fehlerfrei konjugieren.		S. 110–112
Ich kann mindestens fünf der geläufigsten *false friends* unterscheiden.		S. 116–121

Stichwortverzeichnis